Contraste insuffisant
NF Z 43-120-14

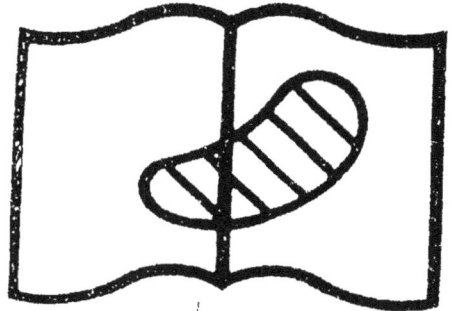

Illisibilité partielle

Valable pour tout ou partie
du document reproduit

Original en couleur

NF Z 43-120-8

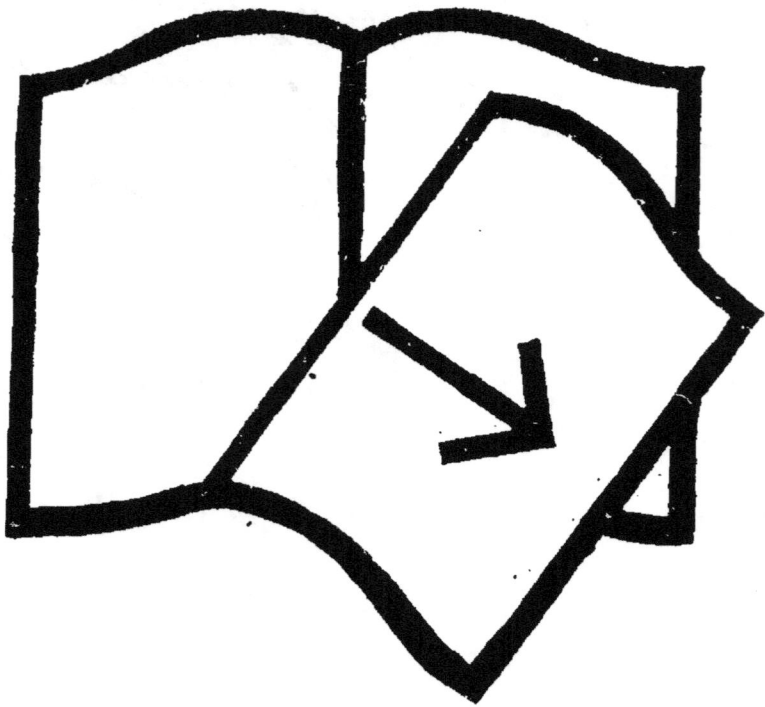

Couverture inférieure manquante

LA DOMINATION

BOURGUIGNONNE

A TOURS

ET LE SIÉGE DE CETTE VILLE

(1417-1418)

Extrait du *Cabinet historique*

TOME XXIII, p. 161-231.

Tiré à cent vingt-cinq exemplaires, dont 25 sur papier vergé

LA DOMINATION

BOURGUIGNONNE

A TOURS

ET LE SIÉGE DE CETTE VILLE

(1417-1418)

PAR

M. DELAVILLE LE ROULX

ÉLÈVE DE L'ÉCOLE DES CHARTES

PARIS

HENRI MENU, LIBRAIRE-ÉDITEUR

Quai Malaquais, 7

—

M. D. CCC. LXXVII

LA DOMINATION

BOURGUIGNONNE

A TOURS

ET LE SIÉGE DE CETTE VILLE

(1417-1418)

I

En 1417, la reine Isabeau de Bavière, reléguée
à Tours par le dauphin et le comte d'Armagnac
depuis quelques mois, venait d'être délivrée par
le duc de Bourgogne, à Marmoutier (2 novembre
1417), et des trois conseillers que le dauphin
avait commis à sa garde, deux avaient été faits
prisonniers et le troisième s'était noyé en voulant
fuir par la Loire. Aussitôt libre, la reine, accompagnée du duc de Bourgogne, s'était dirigée vers
Tours et en avait demandé l'entrée. La ville eût
voulu rester fidèle au dauphin; un argument sans
réplique triompha de ses scrupules : la reine fit
miroiter aux yeux des habitants une exemption

de tous les impôts et subsides, excepté l'impôt du sel, et Tours ouvrit ses portes à Jean sans Peur et à la reine (1); on alla au-devant d'eux avec des torches (2) et on offrit au duc et à la reine, par l'entremise de Robert le Cigne, son maître d'hôtel, des présents de vin, d'avoine et de poisson (3).

La reine ne séjourna pas longtemps à Tours; après avoir remplacé le gouverneur du château, Jean de Mortemart (4), par un capitaine dévoué au duc de Bourgogne, Charles Labbé, et l'avoir mis à la tête de 200 lances, sûre de la fidélité de Tours qu'il lui importait beaucoup de conserver, elle partit pour Chartres (5 novembre 1417) (5), d'où, quelques jours après, elle promit, par lettres patentes, des lettres de justice et de grâce à quiconque abandonnerait le parti du dauphin pour passer au duc de Bourgogne (6).

---

(1) Monstrelet, chap. 180 et toutes les sources de cette époque.

(2) Archives municipales de Tours, Reg. des comptes, XVII, f° 44.

(3) Id., f° 62.

(4) Jean de Rochechouart, chevalier, seigneur de Mortemart et de Montpipeau, nommé capitaine du château de Tours en remplacement du maréchal Boucicaut et installé par Jean d'Alée, lieutenant du dauphin, le 25 août 1417 (Reg. des délibérations, I, f° 6).

(5) Itinéraire : 1417, Novembre : 1-5, Tours ; 5-8, Bonneval et route de Tours à Chartres; 9-12, 14-15, Chartres (Notes de Vallet de Viriville. Bibl. nat., nouv. acq. franç., 1486). — La reine devait revenir à Tours, mais elle changea d'avis et se dirigea sur Troyes (Reg. des comptes, XVII, f° 50 v°).

(6) Arch. mun. de Tours, EE, liasse 2. Indiqué dans D. Housseau, XIII¹, n° 10540. — Ces lettres furent publiées à Tours « ès assises du Roy » par Guillaume de Remenueil, chev., cons. et chambellan du duc de Bourgogne.

Ce changement de domination se fit sans effusion de sang et sans désordre d'aucune espèce. Il ne faut pas croire, cependant, que personne ne fut compromis: Jean Chevrier, un des bourgeois les plus influents de la ville, était, au moment où le duc de Bourgogne se fit reconnaître à Tours, en ambassade auprès de la reine de Sicile et obtenait, en cas d'approche des Anglais, la promesse de démolir les ponts sur les rivières du Loir et autres, de démanteler les forteresses du pays et de secourir la ville de Tours en cas de danger. A son retour (12 novembre 1417), il trouva ses biens confisqués. On lui donna à entendre qu'il avait quitté Tours à cause de la venue du duc de Bourgogne, et, pour rentrer en possession de son patrimoine, il dut en faire poursuivre la restitution jusqu'auprès du duc à Chartres (1).

Les habitants de Tours ne furent pas longtemps sans ressentir les charges et les inconvénients de toute nature que leur causaient les 200 lances de Charles Labbé, représentant un effectif d'au moins 1200 hommes. Dès le 6 novembre la question préoccupe le corps de ville : il écrit à Vendôme, puis à Chartres, à la reine, au duc de Bourgogne et au chancelier Regnier Pot, en demandant le

---

(1) Reg. des délib., I, fo 20, et Reg. des comptes, XVII, fo 51. Les biens de Jean Chevrier étaient évalués à plus de 700 francs.

renvoi des garnisons (1); le 16 novembre, il décide qu'il parlera au capitaine et au gouverneur, messire Guillaume de Remenueil (2) « pour que les gens d'armes ne soient pas en plus grand nombre que les habitans, » et le lendemain, afin de bien disposer l'autorité militaire, il vote un don de 100 écus au capitaine et même somme au gouverneur; le sous-doyen et le prévôt de Restigné, pour venir en aide aux finances de la cité, promettent de prêter 100 francs à la ville pour ce don (3). Mais ces sacrifices ne suffisent pas; trois jours après, le capitaine demande aux gens d'église, bourgeois et habitants de la ville, réunis en assemblée, de l'argent pour payer les gens d'armes et les mettre hors de la ville; les habitants qui, avant tout, veulent être débarrassés des garnisons, n'hésitent pas et lui prêtent 500 livres, avancées par moitié par les gens d'église et par les bourgeois (4). Ce n'est pas encore assez pour mettre les bourgeois à l'abri des violences et maux de toutes sortes que leur causent les gens de guerre. Le corps de ville ne cesse de se

(1) Reg. des délib., I, f° 19 v°, et Reg. des comptes, XVII, f°ˢ 50 v° et 51.

(2) C'est un des serviteurs les plus dévoués du duc de Bourgogne. Sous le nom de gouverneur il remplit les fonctions de bailli; le 26 août 1418 il est confirmé et reconnu bailli de Touraine, Maine, Anjou et Poitou (Bibl. nat., ms. franç., 20684, f° 84).

(3) Reg. des délib., I, f° 20 (Restigné, Indre-et-Loire, ar. Chinon, cant. Bourgueuil).

(4) 20 novembre 1417. — Reg. des délib., I, f° 21, et Reg. des comptes, XVII, f° 74.

plaindre, les réclamations des élus sont si vives que le capitaine est obligé de dire « qu'il mettra « les soudoyers près de lui loger en chambres « où ilz paieront leur despense prinse en la ville, « ne pilleront ne yront courre en la benleue (1). » Les bourgeois écrivent à la reine, au duc de Bourgogne et au chancelier pour leur faire connaître les excès commis au pont de Tours (2 janvier 1418) (2). Quelques jours avant, c'est au duc de Bretagne qu'ils s'étaient adressés pour demander raison « des maux et inconvéniens » que les gens d'armes du pays d'Anjou leur ont faits (fin décembre 1417) ; le duc répond aux bourgeois et leur permet de donner ordre aux insultes des Angevins, en les priant de ne pas user de représailles envers eux, à cause du mariage de sa fille Isabeau avec le beau fils d'Anjou (8 janvier 1418) (3). La ville de Tours est à ce moment si embarrassée des gens d'armes cantonnés tant dans la ville que dans les campagnes voisines, que G. de Remenueil et Ch. Labbé sont obligés de demander une trève à la comtesse de Vendôme pour s'occuper uniquement de déchar-

(1) Reg. des délib., I, f° 22 v°.
(2) Reg. des délib., I, f° 23.
(3) Reg. des délib., I, f° 22 v°, et Reg. des comptes, XVII, f° 51. — D. Housseau, XIII¹, n° 105]5. — La lettre de Jean de Bretagne n'est qu'indiquée. — Isabeau de Bretagne avait épousé Louis, duc d'Anjou, fils du duc Louis II. Le contrat de mariage, du 3 juillet 1417, est dans D. Morice, *Hist. de Bretagne*, II, col. 947 (édition de 1744).

ger la ville des soldats qu'elle loge (1). Le seigneur d'Amboise (2) envoie aussi le chevalier
Moreau de Maillé (3) pour traiter de la paix entre
lui et la ville de Tours; et cette négociation
aboutit à une trève avec les Tourangeaux (4).

Depuis son départ de Tours, en novembre, le
duc de Bourgogne n'avait pas été en rapports
fréquents avec ses nouveaux subordonnés; en
février 1418, informé probablement que leur zèle
pour lui se refroidissait, il leur écrit et les ex-
horte à ne pas quitter son parti (5). Cette lettre
eut-elle une influence favorable sur les dispositions des habitants, nous ne savons ; toujours
est-il qu'elle coïncide avec un redoublement de
préparatifs militaires : on envoie à Chartres pour
avoir des nouvelles des Anglais et on apprend
qu'ils comptent se diriger vers la Loire ; aussitôt
on réglemente le guet des habitants des paroisses
de Saint-Venant et de Saint-Pierre-du-Char-

---

(1) Reg. des comptes, XVII, f° 51 v° (fin décembre 1417).
(2) Pierre d'Amboise, vicomte de Thouars, comte de Benon,
fils d'Ingelger I, seigneur d'Amboise, Montrichard, Chevreuse,
hérita en 1397 de la vicomté de Thouars par la mort de Peronelle de Thouars, sa tante. Il épousa : 1° Jeanne de Rohan, 2°
Isabeau Goyon. — Son neveu Louis d'Amboise lui succéda vers
1423 (Voir le Père Anselme).
(3) Moreau de Maillé, seigneur de Cravan, de Narsay et de
Negron, fils de Jean de Maillé, seigneur de Rochebourdeuil, de
Narsay, etc, et de sa première femme Perette Negron, sortait
d'une branche puînée de la maison de Maillé. Il était né avant
1389 et mourut à la bataille de Verneuil (Du Chesne, *Hist. gén.
des Chasteigniers*, 1634, in-f°, p. 242-244).
(4) Reg. des comptes, XVII, f° 65.
(5) Indiqué dans D. Housseau, XIII', n° 10506.

donnet; on décide que le capitaine mettra garnison au château des Montils, qu'on refera le pont Sainte-Anne, qu'on mènera tous les bateaux à l'Hôpital, en un mot on se met en défense (1). On n'oublie pas, cependant, la trève avec Pierre d'Amboise ; Guillaume Orry est désigné pour exposer à Isabeau d'Amboise, sa femme, les intentions de la ville (16 février), et sur le rapport de messire Hardouin de Launay (2), on conclut définitivement, 22 février 1418, un armistice avec monseigneur d'Amboise jusqu'à « Pasques prouchain venant, » avec obligation pour celle des parties qui voudra recommencer la guerre, de dénoncer l'armistice huit jours avant de reprendre les hostilités (3). C'est ainsi que le 6 mars 1418, après discussion du corps de ville, on

(1) Février 1418. — Reg. des comptes, XVII, f° 52, et Reg. des délib., I, f° 24. La paroisse St-Venant était située à l'ouest de la ville, et s'étendait le long de l'enceinte méridionale des fortifications. La paroisse du Chardonnet était hors des murs, en face de St-Venant.

Le château des Montils fut plus tard appelé le Plessis-lès-Tours ; il était à une petite distance de la ville, à l'ouest.

Le pont Ste-Anne était bâti sur le ruau Ste-Anne qui se jette dans la Loire au-dessous de la ville ; ce pont était dans la banlieue, au-delà du faubourg de la Riche.

L'hôpital St-Jean des Ponts était sur la rive droite de la Loire, à l'extrémité septentrionale du pont.

(2) Il avait embrassé le parti bourguignon ; à la mort de Jean de Maillé, sr de Chançay, il eut la terre de Chançay (Indre-et-Loire, ar. Tours, cant. Vouvray). Elle fut confisquée à sa mort par le régent et donnée à vie en 1420 à Guillaume Belier, sr de Chezelles (D. Villevieille, Trésor généalogique, 54, f° 30).

(3) Reg. des délib., I, f°s 24 et 25. — Arch. mun. de Tours, EE, liasse 2. — Cette pièce est indiquée dans D. Housseau, XIII', n° 10508.

décide que « la suffreance avec monseigneur d'Amboise tendra (1). »

Quoique le duc de Bourgogne, répondant aux plaintes incessantes des habitants de Tours contre les gens du capitaine, leur ait fait savoir que ces excès lui déplaisaient (2), cependant les hommes d'armes ne font que commettre de nouvelles exactions et arrêter les habitants, au mépris des trèves : c'est ainsi que le sire de la Rochefoucault écrit de Montbazon aux élus (7 mars 1418), et se plaint que, malgré un sauf-conduit et la trève conclue, on ait retenu prisonnier son écuyer qu'il envoyait pour ses affaires (3). Quelques jours après, la ville fait une trève avec le comte de Tonnerre, jusqu'au dimanche de la Quasimodo (15 mars — 3 avril) (4) et avec madame de Montbazon par l'intermédiaire de Jean de Maillé (5); les excès et arrestations illégales

(1) Reg. des délib., I, f° 26 v°.
(2) 28 février 1418. Le duc de Bourgogne fait savoir que les maux et outrages des gens du capitaine..... lui déplaisent. P. Baluchet [un des élus] dit que les habitants sont opprimés par les gens du capitaine qui ont varlès sans harnois, qui gastent la ville et le pais. Lui a esté remonstré, dont il n'en a esté fait aucune justice ; on le fera savoir à la reine et à monseigneur de Bourgogne (Reg. des délib., I, f° 26).
(3) D. Housseau, XIII¹, n° 10509. Indiqué. — Guy VIII, sᵉ de la Rochefoucault, Marthon, Blanzac, Cellefrouin, Bayers et Claix ; en 1364 il est sous la tutelle de son oncle; il teste en 1427. Il avait épousé : 1° Jeanne de Luxembourg, 2° Marguerite de Craon. (La Chesnaye des Bois.)
(4) D. Housseau, XIII¹, n° 10505. Indiqué. — Louis de Châlons, comte de Tonnerre, tué à la bataille de Verneuil sans postérité.
(5) 16 mars. — Reg. des délib., I, f° 27 v°. Voir la note 1 de la page 35. Nous n'avons pu identifier Jean de Maillé ; s'agit-il de Jean de

n'en continuent pas moins ; le sire d'Amboise est òbligé de demander aux habitants de faire rendre ses biens à Jean Orry, son serviteur, retenu prisonnier par la garnison ; Peronelle d'Amboise, dame de Maillé, fait une démarche analogue pour que la ville lui rende le receveur de Hardouin de Maillé, son mari, qui avait été pris avec les robes de ladite dame, les « ustanciles d'hotel, » papiers et livres de comptes (1).

La reine, en quittant Chartres au mois de novembre, poursuivie par le connétable et 1500 lances, c'est-à-dire par 6 à 7000 hommes s'était retirée vers les états du duc de Bourgogne. A Joigny, Bernard d'Armagnac avait renoncé à la poursuite et Isabeau s'était établie à Troyes (2). Elle y créa un parlement, et, le 3 mars 1418, envoya aux habitants de Tours des lettres de sauvegarde pour quiconque recourrait à son

Maillé, s' de Rochebourdeuil et de Narsay, père de Moreau de Maillé, qui vivait encore en 1414, ce qui semblerait vraisemblable, ou de Jean de Maillé, s' de Villeromain, de la Guéritaude et de l'Islette, marié en 1403 à Anne du Puy-du-Fou ? — Cf. La Chesnaye des Bois et le Père Anselme dont les erreurs dans cette généalogie sont manifestes.

(1) Lettre du sire d'Amboise (27 mars), indiquée dans D. Housseau, XIII', n° 10498 ; lettre de Peronelle d'Amboise (25 mars), indiquée dans D. Housseau, XIII', n° 10501. — Peronelle d'Amboise, dame de Rochecorbon et de Benais, fille d'Ingelger II d'Amboise et de Jeanne de Craon, épousa, le 13 juin 1412, Hardouin, VIII° du nom, baron de Maillé, né en 1383. — Elle était nièce de Pierre d'Amboise, vicomte de Thouars ; et Hardouin de Maillé était cousin issu de germain de Marguerite de Craon, dame de Montbazon (Cf. La Chesnaye des Bois et le Père Anselme).

(2) Monstrelet, chap. 182.

parlement de Troyes afin de se faire rendre justice (1). Quelques semaines plus tard, par de nouvelles lettres patentes, elle donne l'ordre de confisquer et de vendre les biens de ceux qui sont restés fidèles à la cause du dauphin (2). Quel effet produisirent ces lettres sur les habitants? nous ne saurions le dire, les registres de délibérations restant muets à cet égard; elles arrivèrent au moment où le corps de ville songeait à envoyer vers le duc de Bretagne, qui jouait alors le rôle de médiateur et de pacificateur, « pour lui exposer les oppressions de la ville » et lui demander de venir à Tours (3); en face des nécessités financières, on venait de voter la levée d'un impôt de 600 l. dont les gens d'église devaient payer un tiers (4), et on prolongeait jusqu'au 15 mai la trève avec le comte de Tonnerre (5).

C'était pour négocier une trève générale que

(1) Arch. mun., EE, liasse 2. La pièce porte comme date : 3 mars 141[8], mais le huit est refait postérieurement; de plus dans cette pièce, qui est un vidimus, le *vidimus* est daté du 28 avril 1418. Le vidimus ne pouvant être antérieur à la pièce elle-même, il y a lieu de rétablir la date du 3 mars 1417, c'est-à-dire 1418 (n.s.) — Les lettres de création du Parlement et de la chambre des Comptes, à Troyes, sont du 16 février 1418 (n. s.)— *Ordonnances*, X, 43.

(2) Arch. mun., EE, liasse 2.

(3) 4 avril 1418. — Reg. des délib., I, f° 28 v°.

(4) 9 avril. — Reg. des délib., I, f° 29. — Le reg. des comptes, XVII, f°° 6-7, contient le détail par paroisses de l'assiette de cette taille et des sommes auxquelles furent imposés les gens d'église.

(5) 6 avril. — Indiqué dans D. Housseau, XIII', n° 10510.

la ville s'était adressée au duc de Bretagne; le
15 avril, répondant aux sollicitations des habitants, le duc fait demander l'entrée de Tours pour
lui, Charles de Bourbon et le duc d'Anjou, et en
même temps un prêt de 1500 livres « pour
avoir abstinence de guerre. » Sur ce dernier
point la ville, faisant valoir sa pauvreté, refuse
catégoriquement, mais décide d'accorder au duc
l'entrée avec 100 chevaliers, et d'envoyer à sa
rencontre jusqu'à Saumur (1). A ce moment,
en effet, les Tourangeaux ressentaient un besoin
impérieux de paix et de tranquillité; les garnisons qui occupaient le pays les ruinaient, les
députés qu'ils envoyaient porter leurs plaintes
au duc de Bourgogne étaient arrêtés à Bourges

(1) 15 avril 1418. — Sur la demande de messire de Champdiver
et messire Henry du Parc, disant que monseigneur de Bretaigne,
monseigneur de Bourbon, monseigneur d'Anjou en sa compaignie
vouloient passer à Tours et requeroient l'entrée, et a requis que
l'en lui fist prest et que l'en preist sursseance de guerre: a esté
appointé que à monseigneur le duc sera baillée l'entrée à lui et
C chevaliers et esculers en sa compaignie; lui sera montré l'estat
et povreté de la ville..... Item de prest ne sera point fait. — Pour
adviser qui yra devers monseigneur de Bretaigne, jusques à
Saumur: messire G. de Champdiver, messire Henry du Parc, venus
de par monseigneur de Bretaigne, seront deffraiez de leur despense....... Deux bourgeois seront envoyés devers monseigneur le duc.
18 avril 1418. — Sur le raport que les gens d'église avoient fait
de prester à monseigneur de Bretaigne, mil vᵉ l. pour avoir astinence de guerre, touz, d'un acord, ont dit que autreffois sur la
requeste de l'emprunt la reponse fu faicte et monstré la pouvreté de la ville à messire Guillaume de Champdiver, chevalier,
que l'en ne povait quester. A ceste reponse lesdits habitans se
tiennent........ et que ils n'ont que prester (Reg. des délib., I,
fᵒˢ 29-30). — Voir Giraudet, *Histoire de la ville de Tours*, I, p.
206. L'auteur dit qu'on prêta 1500 l. au duc de Bretagne : c'est
une erreur.

(3 avril), envoyés à Paris, et restaient deux mois prisonniers (1).

En même temps le duc de Bourgogne, voyant le capitaine de la ville s'aliéner les habitants, se décidait à écrire au maréchal de Montberon et au bailli de Touraine, pour leur annoncer le remplacement de Charles Labbé par Hardouyn de Launay, son conseiller et chambellan, dans le poste de capitaine de Tours. (12 avril 1418) (2). A cette nouvelle, voici ce que décidèrent les habitants :

« 18 avril..... Item sont d'acord que si Charles « Labé veult partir les forteresses qu'il tient, que « l'en lui donne lettre que pour l'onneur de la « royne et mons. de Bourgogne, que l'en sera « content de lui pour tant que touche la ville (3). »

Charles Labbé resta dans sa charge.

La ville cependant n'était pas dévouée corps et âme au parti bourguignon ; elle hésitait et ses dispositions hostiles commençaient à se trahir ; aussi

---

(1) Yvonnet de Montbrun, écuyer, Me Guillaume Picart, chanoine et archiprêtre de Tours, et Me Bertrant Plesant, chanoine de Saint-Martin, furent conduits après leur arrestation à Paris et emprisonnés en diverses prisons. Il fallut, pour les faire relâcher, des démarches incessantes auprès du comte de Vertus, à Blois et à Amboise, des dons aux huissiers pour pénétrer jusqu'au conseil du dauphin, un diner offert au prévôt de Paris, des lettres à la reine et au comte de Tonnerre, et enfin une forte rançon. — La captivité des députés dura plus de deux mois ; l'entrée des Bourguignons à Paris les tira fort à propos de prison vers le 1er juin (Reg. des comptes, XVII, fos 53, 58 et seq. Reg. des délib., I, fos 31 vo et 32 vo). — D. Housseau, XIIIe, nos 10512-10513.

(2) Indiqué dans D. Housseau, XIIIe, no 10539.

(3) Reg. des délib., I. fo 30.

Isabeau (4 mai), craignant que l'entrée du duc de Bretagne et des princes du sang à Tours et les négociations auxquelles leur venue donnait lieu n'aient pour résultat de détacher Tours de son parti, écrit-elle aux habitants de bien garder la ville et de n'y laisser entrer aucun homme d'armes, fût-ce même un prince du sang (1). Le corps de ville, au reçu de cette lettre, s'empressa de saisir l'occasion, et, sans paraître comprendre l'allusion, signifia au bailli « de n'avoir aucun homme d'armes de plus que il y en a. » En même temps (8 et 9 mai), il décida qu'il hâterait le départ d'envoyés vers la reine, dont la mission était résolue depuis le 26 avril (2). Les députés Robin de Beaumont et G. de Champdivers (3) partirent le 12 mai ; le but du

(1) Indiqué dans D. Housseau, XIII¹, n° 10511.

(2) Reg. des délib., I, fᵒˢ 30 vᵒ et 31.

(3) Nous croyons intéressant de faire remarquer le rôle joué à Tours par Guillaume de Champdivers, rôle assez difficile à déterminer exactement.

D'une ancienne famille bourguignonne dont était Odette de Champdivers, « la petite reine » qui adoucit les fureurs de Charles VI devenu fou, Guillaume, sᵣ de Champdivers, cons. et chamb. de Jean sans Peur, était un de ses serviteurs les plus dévoués et les plus influents. En juin 1417, il est envoyé en ambassade en Angleterre (Bibl. nat., Collection de Bourgogne, 100, fᵒ 162). A Tours où sa présence n'est pas continue, il semble surveiller les fonctionnaires, représenter le duc et servir d'intermédiaire entre lui, les habitants et le parti ennemi. C'est ainsi qu'en avril 1418, il s'entremet pour obtenir l'entrée du duc de Bretagne à Tours ; en mai, il part avec Robin de Beaumont, envoyé vers le duc en Bourgogne, mais il disparaît à Dijon, probablement chargé de quelque nouvelle mission de Jean-sans-Peur. En août, il va au nom de la ville de Tours, vers le duc de Bretagne ; en octobre, il reçoit 600 l. « pour plusieurs voyages qu'il avoit fait par ses ordres » et en novembre il est avec sa compagnie au siége de Rouen (D. Villevieille, Trésor généalogique, 25, fᵒ 110 vᵒ).

voyage était, comme celui des précédentes am-
bassades, d'exposer au duc de Bourgogne et à la
reine, les maux et pilleries commis par Charles
Labbé et ses garnisons de Tours, Rochecorbon,
le Boys et Beaumont-la-Ronce (1), et de leur demander la retraite des troupes et de leur capitaine,
dont la ville avait fort à se plaindre. A leur arrivée à Dijon, le duc était à Montbéliard; Champdivers alla à sa rencontre, Robin attendit son retour
à Dijon. Bientôt, lassé d'attendre, il prend un gui-
de, va à Troyes, accomplit auprès de la reine et du
chancelier une partie de sa mission, qui réussit à
son gré, et se met à la poursuite du duc qu'il
atteint à Châtillon-sur-Seine (2); il lui parle et ob-
tient de lui l'éloignement des gens d'armes et le
rappel de Ch. Labbé. Mais au même moment ar-
rive de Tours une lettre des élus; leurs dispositions sont absolument changées : ceux qui, quelques jours avant, étaient en hostilité ouverte avec
le capitaine et demandaient son renvoi (3), écri-

(1) Rochecorbon, Indre-et-Loire, ar. Tours, cant. Vouvray, à 7 kil.
de Tours.
　Le Bois, Indre-et-Loire, ar. Tours, cant. et comm. de Neuvy-le-
Roi, château militaire important appartenant à la famille de
Bueil. La construction fut commencée en 1380 par Pierre de Bueil
et Marguerite de Chaussée, sa femme. On trouve aussi les noms de
Bois-Poinprix et de *Prévôté du Bois*. (Communication de M. de
Busserolle).
　Beaumont-la-Ronce, Indre-et-Loire, ar. Tours, cant. de Neuillé-
Pont-Pierre à 21 kil. de Tours.
　(2) 16-22 juin 1418. Voir Gachard, Itinéraire de Jean-sans-Peur :
Rapport sur les archives de Dijon, 1843, p. 238.
　(3) 21 mai : On ordonne au capitaine de porter son harnais de
guerre. — 30 mai : On refuse d'ôter les barrières coulisses dont

vent à Robin de Beaumont de ne plus procéder contre Ch. Labbé, dont ils sont contents, mais de demander seulement la retraite des hommes d'armes. Quelle pouvait être la cause de ce revirement? un changement dans la conduite du capitaine qui, voyant les choses mal tourner pour lui, s'était décidé à céder devant l'orage et avait corroboré ses protestations d'amitié et de modération d'une promesse en bonne forme de ne retenir la garnison dans la ville et dans le château qu'autant qu'il plairait aux habitants (10 juin). A ce prix il était rentré en grâce (1).

Le duc de Bourgogne, à cette nouvelle, se mit fort en courroux, et refusa à Robin de Beaumont la « vuidange » des gens d'armes en lui répondant : « s'il n'en y avoit assez que l'en n'y en enverroit des autres (2). »

II

Pendant ce temps, aux environs de Tours, les excès des hommes d'armes continuaient ; Har-

___

le capitaine demande l'enlèvement. — On ne permet de prendre des maisons vides pour loger les gens d'armes venus d'Épigné qu'à la condition expresse qu'elles seront rendues à la première réquisition (Reg. des délib., I, fo 32 ro et vo).

(1) 7 juin 1418 : Sur la requeste faicte par le cappitaine de rescripre pour lui à monseigneur de Bourgoigne en le recommandant, a esté appointé que l'on rescripve selon une minute qui a esté leue, parmi ce que il face vuider ses gens qui sont logez en ville (Reg. des délib., I, fo 33 vo).

10 juin. — Arch. mun., EE. liasse 2 : indiqué dans D. Housseau, XIII¹, no 10546.

(2) Reg. des comptes, XVII, fos 60 v. et seq.

douin de Maillé (1ᵉʳ juin), est obligé d'écrire au capitaine une lettre menaçante, de lui signifier qu'il
s'est plaint au maréchal de Montberon de l'arrestation de ses gens par les « faux paisans » de
Tours et de l'engager à n'attaquer ni Fondettes (1)
ni les possessions de sa sœur (2) ; le seigneur
d'Amboise écrit dans le même sens aux bourgeois,
il réclame deux de ses valets qui sont retenus
prisonniers à Tours et, pour être sûr qu'on ne
tarde pas à les lui rendre, il annonce qu'il a fait
arrêter deux habitants qui passaient sur ses terres
porteurs de lettres de la reine et du duc de Bourgogne. Cette manière d'agir porte aussitôt ses
fruits, et, le 20 juin, une suspension d'armes est
signée jusqu'à la Toussaint par la ville de Tours
avec lui ; Montberon, Remenueil et Charles Labbé
s'engagent au nom de la ville, Moreau de Maillé
et Jean Chardoine, capitaine de Rochecorbon, re-
présentent le seigneur d'Amboise (3).

(1) Fondettes, Indre-et-Loire, ar. et cant. de Tours, à 8 kil. de
Tours.
(2) Pièces justificatives, n° I. Cette sœur doit être Jeanne de
Maillé dont on trouve en 1387 l'aveu pour la terre de la Vieille
Moullerne (Arch. nat., P, 1334¹, fᵒ 78); on croit qu'elle avait épousé Guillaume de Choisin, sᵉ d'Ampoigné, qui testa le 13 janvier
1412 (voir le Père Anselme).
(3) 8 juin. Indiqué dans D. Housseau, XIII¹, n° 10542. — 20 juin :
Arch. mun., EE. liasse 2. — Le 23 juin, les habitants donnent des
lettres closes à messire Moreau de Maillé « pour les bailler à
messire d'Amboise et aporter response. » (Reg. des délib., I, fᵒ 34.)
C'est la fin de cette affaire.
La trêve avec Pierre d'Amboise fut prolongée le 14 novembre
1418, jusqu'à « huit jours après Pasques prochain venant » (23 avril
1419) ; on commit Linguet de Veloir pour le sire d'Amboise, Jean

La reine cependant, obligée de tenir compte des réclamations des habitants, s'était décidée à envoyer le maréchal de Montberon à Tours pour faire vider le pays aux gens d'armes (juin 1418); les Tourangeaux pouvaient espérer que l'autorité militaire allait enfin obéir à leur sommation et les délivrer de ce fléau : il n'en fut rien (1). Paris venait d'être le théâtre d'événements sanglants; les Bourguignons y étaient rentrés et avaient massacré leurs adversaires les Armagnacs; pendant trois jours la ville avait été aux mains des égorgeurs et le dauphin n'avait échappé au massacre que par miracle. Sorti de Paris, il n'avait pas encore fait connaître ses desseins, et en présence de l'incertitude qui régnait sur sa marche, le bailli et le capitaine de Tours, avec beaucoup de raison, se refusèrent à dégarnir la ville de ses défenseurs sans savoir où était l'armée du dauphin (25 juin 1418) (2). Leurs prévisions n'étaient pas vaines; bientôt la marche du dauphin sur Tours se dessina; du 20 au 25 juin des concentrations importantes eurent lieu autour de Bourges (3) en sa

Petit pour le maréchal, comme conservateurs de la trêve, ainsi que Moreau de Maillé et Jean Chardoine.

(1) Reg. des comptes, XVII, fo 65 vo.

(2) Reg. des délib., I, fo 34 vo.

(3) Concentrations de troupes : le 20 juin, à Bourges ; — 21 juin, à Bourges et à Croces-lès-Bourges ; — 24 juin, à Bourges et à Croces-lès-Bourges ; — 25 juin, à Sancerre.

Itinéraire du dauphin : 13, 15, 21 juin, à Bourges ; — 27, 29 juin, à Aubigny (Note de M. G. du Fresne de Beaucourt).

2

présence. Le 9 juillet, il était à Montrichard (1) ; le
maréchal de Montberon organise alors la résistance;
et, sur ses instructions, on refuse l'entrée à messire
Moreau de Maillé et à ceux de son parti ; le bailli,
le capitaine, les élus visitent les murs de la cité ; le
corps de ville fait adjoindre des habitants aux gens
d'armes pour monter le guet, détermine avec préci-
sion les qualités et conditions requises pour faire ce
service, décide qu'on n'empêchera ni vivres ni marchands de venir à Tours, et vote pour les réparations
des fortifications une taille de 900 l. supportée proportionnellement par tous. En même temps, sous la
pression du parti bourguignon, dont la politique
constante est de dire et de faire croire qu'il ne
s'attaque pas au dauphin, mais à ses conseillers
dont la ligne de conduite mène la France à sa perte,
le corps de ville décrète : « qu'il ne soit fait aucune
« guerre à monsieur le dauphin ne aux gens de sa
« maison, et si aucune guerre est faicte, sera à
« Torsay, Beauveau, messire Jehan des Croix, Bar-
« basan, qui mainent mondit seigneur contre la
« voulenté du roy (2). »

Cependant le dauphin marchait toujours vers
Tours. Il se présenta devant la ville, demanda
qu'on lui ouvrît les portes en sa qualité de droiturier seigneur des habitants, de fils du roi et de lieu-

---

(1) *Ordonnances*, X, 555. — Montrichard, Loir-et-Cher, ar. Blois,
chef-lieu de canton.
(2) Reg. des délib., I, fo 35 ro et vo.

tenant général du royaume. La ville, loin d'obéir, lui résista, et Charles, en présence de cette attitude, se retira ; sa démonstration avait échoué (1).

Il est difficile, pour ne pas dire impossible, de préciser la date de cette sommation faite par le dauphin, dont on perd la trace dans la seconde partie du mois de juillet et qu'on ne retrouve que le 4 août à Chinon (2). Cependant, certains indices permettent de fixer approximativement la venue du dauphin à Tours au 20 juillet ; le 19 juillet, le maréchal de Montberon se fait prêter 300 l., « pour « ordonner les gens d'armes et de trait mis à « Tours, » et demande aux élus les clefs des portes, ce qui semble indiquer que le dauphin n'était pas encore devant la ville (3) ; le 25 juillet, au contraire, Moreau de Maillé écrit aux habitants de Tours, pour s'excuser du soupçon qu'ils ont conçu à son égard de s'être trouvé devant la ville avec le dauphin, et proteste de la fausseté de cette supposition (4). A

(1) ..... fussions venus devant nostre dicte ville, au mois de juillet derrain passé et illecques fait commandement par nos lettres signées de nostre main aux dessus dicts gens d'église, bourgois et habitans de nous rendre obéissance pour mondit seigneur et nous, et faire ouverture de la dicte ville comme à seul fils de mondit seigneur, son lieutenant général et représentant sa personne et aussi comme à leur droiturier et naturel seigneur ; de laquelle chose ils furent reffusans en faisant contre nous et nos gens plusieurs efforts et continuant tousjours les maux dessusdicts et résistances de fait..... (Lettre du Régent du 30 décembre 1418. Arch. mun., EE, liasse 2).

(2) Fenin, Soc. de l'hist. de France ; Pièces justificatives, p. 274.

(3) Reg. des délib., I, f° 36 v°, et Reg. des comptes, XVII, f° 66 v°.

(4) Indiqué dans D. Housseau, XIII¹, 10503.

cette date, le dauphin n'était donc plus devant Tours,
ni même le 23 juillet, selon toute vraisemblance,
puisque ce jour-là partirent deux messagers pour
Paris, « afin d'exposer au roi les maux causés par
« les gens de guerre et aussi pour rompre le cop de
« ce que Charles Labbé... avoit mandé gens d'armes
« venir à lui audit lieu de Tours (1). » Il nous
semble que la question s'explique d'elle-même :
Charles Labbé avait demandé des secours ; le 23
juillet, tout étant fini, et le dauphin ayant reculé,
les renforts devenaient inutiles, et le capitaine
voulait éviter d'imposer aux habitants de nouveaux
gens de guerre sans nécessité. En haut lieu on
avait compté sur un siége de Tours, non sur une
démonstration, ce qui explique les retards mis à
secourir la place et la lettre de Charles VI du 27
juillet pour exhorter les Tourangeaux à résister à
son fils et pour leur annoncer l'envoi de troupes,
celles-là même probablement dont ces envoyés devaient empêcher l'arrivée (2).

C'est vers cette époque que se place le plus na-
turellement le siége d'Azay-sur-Indre par le dau-

---

(1) Reg. des comptes, XVII, f° 54. — Reg. des délib., I, f° 37 v°.
Ces envoyés étaient Macé Deleau et Yvon Gouyn ; ils furent
arrêtés par la garnison de Châteaurenault près de Vendôme, et
leur rançon fut payée par la ville, mais longtemps après ; Macé
Deleau et la veuve d'Yvonnet Gouyn la réclamèrent le 31 octobre
1438, et elle ne leur fut donnée que dans le courant de l'année
financière, 1438-1439 (Reg. des délib., VI, et Reg. des comptes,
XXVII, f° 121 v°).

(2) Arch. mun., EE, liasse 2. Ed. Luzarche, *Lettres hist. des archives communales*, p. 20.

phin, dont les chroniques ne précisent pas la date, et que les plus récents historiens de cette période ont placé en novembre 1418, à tort croyons-nous (1).

Deux localités répondent au nom d'Azay-sur-Indre : Azay-le-Rideau (Indre-et-Loire, ar. de Chinon, chef-lieu de canton), et Azay-le-Chétif (ar. et canton de Loches); c'est la première qui, selon toute vraisemblance, soutint le siége dont parlent Juv. des Ursins et Cousinot. Sa position à mi-chemin entre Tours et Chinon, défendant le passage de l'Indre, son importance militaire, ses possesseurs dévoués au parti bourguignon, tout nous porte à nous ranger à cette opinion émise par les historiens de la Touraine (2). Il y a de sérieuses difficultés à déterminer la date de ce siége. Vallet de Viriville l'avait placé au commencement de no-

---

(1) M. du Fresne de Beaucourt, d'après Vallet de Viriville : *Caractère de Charles VII*, dans la *Revue des questions hist.*, 1er art.

(2) Chalmel, *Hist. de Touraine*; C. Chevalier, *La ville d'Azay-le-Rideau au XVe et au XVIe siècle*; l'abbé J. J. Bourassé, *la Touraine, histoire et monuments*; N. Champoiseau, *Tableaux chronologiques de l'histoire de Touraine*. La ville appartenait alors à la famille de Montberon, dont le chef Jacques de Montberon, maréchal de France, était une des têtes du parti bourguignon. — Azay-le-Chétif, au contraire, château dont le rôle militaire est nul dans l'histoire de cette époque, appartenait à Louis de Rochechouart, seigneur d'Apremont, Brion, Azay, Clervaux, fils de Louis vicomte de Rochechouart, seigneur de Tonnay-Charente, gouverneur du Limousin en 1397 (Bibl. nat., Cab. des titres, au mot ROCHECHOUART). Nous ne savons pas à quel parti il appartenait; il devait être partisan du dauphin comme son cousin Jean de Rochechouart, seigneur de Mortemart et de Montpipeau, capitaine du château de Tours en 1417, ce qui rend peu probable la prise du château d'Azay-le-Chétif en 1418, par le dauphin.

vembre, le 7 ou 8 ; mais, le 6 novembre, le dauphin était à Loches, et le 9 à Romorantin, comme nous l'établirons plus loin ; que le siége ait eu pour théâtre Azay-le-Rideau, ou Azay-le-Chétif, il est, dans les deux cas, matériellement impossible que dans ce court espace de temps l'armée ait pu prendre Azay et atteindre Romorantin.

Restent deux hypothèses, celle de placer le siége à la fin d'octobre et celle de le reculer à la fin du mois de juillet, entre le 23 juillet et le 4 août. Nous rejetons la première pour les raisons suivantes : le dauphin, après un voyage en Poitou, dans la première moitié d'octobre, était revenu à Chinon où il séjourna pendant la fin d'octobre et le commencement de novembre, concentrant son armée, comme nous en avons la preuve par de nombreuses montres passées en cette ville. En même temps il négociait toujours pour la paix et recevait des ambassadeurs ; les troupes qu'il rassemblait arrivaient à Chinon par le sud, et n'avaient pas l'occasion de passer devant Azay et de s'y faire insulter, comme le racontent les chroniqueurs ; enfin, ce n'est que le 30 octobre que le dauphin lança sa déclaration de guerre (1), après laquelle il resta à Chinon jusqu'au 3 novembre ; le surlendemain, 5 novembre, nous le trouvons à Loches (2) où il est

---

(1) Cité dans Arch. nat., K, 60, n° 13.
(2) Du Tillet, *Recueil des traictez d'entre les roys de France et d'Angleterre*, 1602, in-4, p. 215. — D. Housseau, IX, 3828 et 3829.

reçu abbé de l'église collégiale ; il faudrait admettre qu'en deux jours les troupes eussent fait plus de dix-huit lieues et pris une place qui, bien que peu importante, n'a pu les retenir moins d'une journée. Cette hypothèse nous semble inadmissible.

Au mois de juillet, au contraire, après sa démonstration infructueuse sur Tours, le dauphin se replia sur le sud de la Touraine et sur Chinon, où nous le trouvons le 4 août. Rien d'étonnant qu'au passage devant Azay, passage presque forcé pour aller de Tours à Chinon, la garnison, enhardie par l'échec du dauphin devant Tours, ne se soit livrée, du haut des murailles, aux insultes que nous a transmises le chroniqueur et n'ait crié à l'armée : « Voici le demeurant des petits pâtés de Paris (1). » Rien d'étonnant non plus que le dauphin, exaspéré de son échec, fort irrité de cette insulte, n'ait ordonné l'assaut, et, après la prise de la place, le massacre du capitaine et de tous ses soldats, au nombre de deux ou trois cents (2). — Cet acte de violence, aussi contraire à la politique qu'au caractère du dauphin, ne s'explique que par un mouvement de colère, joint au désir de réparer, par la prise de quelque place, fût-ce un simple château, l'effet

(1) Juv. des Ursins (dans Godefroy, p. 354).
(2) Une tradition locale, dont nous ne connaissons pas la source donne le nombre de xvii^{xx} et xiv victimes pendues aux toits des maisons par ordre du dauphin. (A. Noël, *Souvenirs pittoresques de la Touraine*, Paris, 1824; l'abbé C. Chevalier, *La ville d'Azay-le-Rideau*, etc.)

moral produit par l'échec de la démonstration sur Tours.

En outre Cousinot, qui nous rapporte le siége d'Azay, le place après les concentrations de troupes à Bourges, c'est-à-dire en juillet ; son témoignage, quoique n'offrant pas un caractère absolu de vérité, mérite cependant une sérieuse considération, eu égard à la position élevée qu'il occupait dans les conseils des princes et à la sûreté de ses informations ; c'est un argument de plus en faveur de notre opinion. En ces matières, la certitude est souvent impossible et l'historien doit se contenter d'une probabilité, heureux si quelque découverte ultérieure vient confirmer ses conjectures et leur donner une nouvelle force (1).

La sommation du dauphin n'avait pas complètement rassuré les Tourangeaux, leur résistance à ses ordres les inquiétait pour l'avenir. Afin de se mettre en règle à l'égard du dauphin, si jamais son influence redevenait prépondérante, ils envoyèrent à Paris vers le roi, pour obtenir de lui

(1) En la cité de Bourges s'en ala monseigneur le Daulphin après son partir de Melhun où lui vindrent les nobles de plusieurs contrées qui toute obéissance lui firent. Si séjourna illec par aucuns jours, et au partir prinst sa voye droit en Poitou, en Touraine et vint devant Azay-sur-Aindre, dont ou chastel se furent les habitans retraiz avec aucuns gentilz hommes de la contrée qui obéissance lui refusèrent, et de sa personne lui disrent parolles villaines ; dont, par courroux et desplaisance, il fist assaillir et prendre le chastel qui en sa présence fut tout démoli et touz hommes, femmes et enfans qui dedans furent fist morir (Cousinot, *Geste des nobles*, chap. 164).

une lettre approuvant l'entrée du duc de Bourgogne et de la reine à Tours en novembre 1417. C'était, pensaient-ils, un moyen infaillible que le dauphin ne les inquiétât pas et ne les traitât pas en rebelles. Le roi, sur les instigations de la reine et du duc de Bourgogne, accorda tout ce qu'ils voulurent, et, le 26 août, donna aux Tourangeaux une lettre déclarant que s'ils avaient ouvert les portes de la ville au duc de Bourgogne et à ses troupes, c'était sur l'ordre exprès de la reine, auquel ils ne pouvaient résister sous peine de rébellion (1). En même temps, les députés obtenaient un mandement du roi « défendant aux barons, chevaliers, escuiers et bonnes villes de Touraine de faire méfait aux gens de Tours par guerre ou autrement » et, comme les négociations pour la paix recommençaient alors de toutes parts, ils faisaient autoriser la ville de Tours à traiter d'un armistice avec tous ceux qui tenaient le parti contraire (2).

III

Les négociations, en effet, avaient commencé dès le mois d'avril entre le dauphin et le duc de

---

(1) Arch. mun., EE, liasse 2. — Cette lettre fut publiée le 9 septembre.

(2) Les envoyés étaient l'archidiacre de Tours, l'un des élus et Moricet Cherevain ; leur ambassade dura du 29 juillet au 4 septembre. (Registre des délib., I, fo 37 et Reg. des comptes, XVII, fo 57.)

Bourgogne, au monastère de la Tombe ; les négociateurs étaient d'accord ; il ne restait plus qu'à faire ratifier les propositions acceptées de part et d'autre, lorsque la trahison des Bourguignons et leur entrée à Paris (29 mai) les arrêtèrent brusquement ; le dauphin, sorti de Paris, réunit autour de lui des forces militaires imposantes et se mit aussitôt en campagne. Nous avons vu qu'il échoua dans une démonstration sur Tours (vers le 20 juillet). Cet insuccès le ramena à des dispositions plus pacifiques, et lui fit écrire (4 août) un « advis fait pour le bien de la paix et union de ce royaume. » Ses propositions sont remarquables par leur modération. Le dauphin insiste pour qu'on lui rende Tours, siége de son duché de Touraine (1). C'était une occasion de renouer les négociations ; le duc de Bretagne, qui, pendant toute cette période, joue le rôle de médiateur et de pacificateur, ne manqua pas de la saisir. Le comte de Vertus, de son côté, représentant des intérêts du duc d'Orléans, son frère, et chargé de la défense de ses possessions, cherche à gagner du temps afin de mettre en bon état de défense les domaines de son frère. Pour ces motifs, et au nom du duc d'Alençon et du duc d'Anjou, il propose une trève générale ; le mois d'août tout entier, en ce qui concerne la Touraine et ses pays limitrophes, le comté de Blois, les

---

(1) Fenin, Soc. de l'hist. de France, p. 274.

domaines du duc d'Orléans et de la reine de Sicile, est occupé par des pourparlers très-actifs en vue d'arriver à un armistice; la tâche, très-difficile à mener à bien, est souvent compromise par les exactions et les incursions des gens de guerre au mépris des suspensions d'armes; Philippe d'Orléans se voit contraint de se plaindre aux élus de Tours des maux et pillages commis par les soldats de Charles Labbé, venus jusqu'aux portes de Blois, et d'exiger la réparation des dommages qu'ils ont causés; ces faits, ou d'autres semblables, se renouvellent presque journellement et arrêtent la marche des négociations, si même ils ne les font pas rompre (1).

Par sa position géographique, Châteaurenault, situé au nord de la Touraine, près des limites du comté de Blois, était désigné pour être le lieu de réunion des négociateurs, et servir d'inter-médiaire entre Tours et les mandataires des comtés de Blois, de Dunois et de l'Anjou. C'est là que, dès le début des négociations, la ville de Tours envoya des ambassadeurs (10-13 août); le capitaine de la place, messire Jean des Croix, devint un des agents les plus actifs des confé-rences, et sa correspondance avec la ville de Tours, qui nous a été conservée, nous initie à toutes les difficultés que suscita la conclusion de

(1) Reg. des comptes, XVII, fᵒˢ 56 et 66 vᵒ. — Les envoyés étaient Mᵉ Léonart Champenays, Moricet Chervain et Jehan Gaudin.

la trêve générale pour laquelle s'entremettaient le duc François de Bretagne et surtout Philippe d'Orléans; directement intéressé à une suspension d'armes qui lui permît d'organiser la défense dans cette région (1).

La ville de Tours avait pris l'initiative des négociations en envoyant des députés demander à Jean des Croix une trêve entre lui et les garnisons de Tours et de Rochecorbon; le comte de Vertus,

_____

(1) La famille des Croix était originaire d'Anjou. Nous trouvons en 1369 Jean des Croix, écuyer du duc d'Anjou; il est fait prisonnier à Montpavon, en mars 1371 (Bibl. nat., Cab. des titres, au mot DES CROIZ). C'était probablement le père de celui qui nous occupe. En 1415, il sert sous le gouvernement du comte de Vendôme; en mai 1419 il fait une montre de 5 chevaliers bacheliers, 13 écuyers, et ses étendards et trompette pour une paie (Clairambault, Titres scel., 37, p. 2820-2821). Il assiste à la bataille de Baugé, 12 mars 1421 (Lecoy, *Hist. du roi René*, I, 39); en juillet 1423, il est conseiller et chambellan du roi, gouverneur du comté de Vendôme (Clairambault, Titres scel., 37, p. 2821); en février 1425, il menace la ville de Tours de faire « l'appatissement des parroisses, » parce qu'il n'a pas été payé de 200 l. que le roi lui a assignées sur l'aide levée sur ses sujets (Reg. des délib., III, fos 12 vo et 13 vo).

Quand il fut nommé gouverneur du Vendômois, après 1420, il dut résigner sa charge de capitaine de Châteaurenault et la transmit à Emeri des Croix, son fils probablement (Cat. de Joursanvault, no 2823). — Ce dernier fut chevalier de l'ordre de Jérusalem, commandeur de St-Pierre-de-Beaucaire, chambellan du duc d'Orléans; il était encore capitaine de Châteaurenault en 1432 (D. Villevieille, Trésor généalogique, 33, p. 109). Cependant les registres des délibérations de Tours mentionnent en août 1431 Roberton des Croex, capitaine de Châteaurenault (Reg. des délib., V).

Nous connaissons deux sceaux de Jean des Croix. Le premier ne contient que ses armes : un lion rampant, à deux queues, traversé d'un lambel; la légende est : IEHAN D. CROIX. — Le second a deux sauvages comme supports à l'écu, posé de côté et surmonté d'un casque; la légende est fruste (Clairambault, Titres scel., 37, p. 2821). Les émaux des armes de cette famille étaient, d'après M. de Busserolle *Armorial de Touraine* : d'argent au lion de sable.

consulté, était favorable à ce projet, mais une nouvelle incursion des gens d'armes de ces deux garnisons sur les terres du duc d'Orléans, la capture de plus de trente prisonniers, l'emprisonnement d'un de ses écuyers, Pierre de Lursaut, et d'un de ses sergents, n'étaient pas faits pour avancer la suspension d'armes. Le comte de Vertus exigea (13 août), avant toute démarche ultérieure en faveur de l'armistice, la mise en liberté immédiate de tous les prisonniers; la ville de Tours dut s'exécuter et envoyer ses excuses au capitaine de Châteaurenault. A ce prix la suspension d'armes fut accordée (1).

Pendant que le comte de Vertus s'occupe de conclure une trève régionale, on poursuit en même temps les négociations pour la paix; les ambassadeurs du dauphin, monseigneur Jacques Gelu, Robert de Braquemont, Jean Tudert, doyen de Paris, et Jean Chastenier, secrétaire du dauphin, partent pour Paris vers le 6 août. Ils se réunissent autour du comte de Vertus, à Blois, et attendent la venue des ducs de Bretagne et d'Alençon pour fixer le lieu de la conférence (2). Tours est représentée par son archevêque Gelu, qui prend ses intérêts, correspond avec elle et se fait l'écho des plaintes des habitants que grèvent

---

(1) Pièces justificatives, n° II. — Reg. des comptes, XVII, f° 68 v°.
(2) La conférence se tint près de Paris, ravagé par une épidémie, à Charenton ou à St-Maur.

d'une façon intolérable le logement et les excès des gens de guerre (1). On décide alors d'envoyer vers la reine, le duc de Bourgogne, le dauphin et la reine de Sicile. C'est auprès de cette dernière que François de Grignaux (2) est chargé d'une mission. Obligé de passer par Tours pour se rendre de Blois à Angers, il écrit au sire de Montberon et au capitaine Charles Labbé, et leur demande un sauf-conduit afin de passer en toute sûreté par la ville ; en même temps il devait traiter à Tours avec le maréchal, le bailli et le capitaine, la question de la trève et avait reçu sur ce point des instructions du comte de Vertus. Le sauf-conduit tardant à lui être envoyé, Grignaux arrivé à Amboise et pressé d'accomplir ses instructions auprès de la reine de Sicile, change son itinéraire, retourne à Châteaurenault, ne s'y arrête que pour déléguer à Jean des Croix ses pouvoirs relatifs à la suspension d'armes avec les Tourangeaux et continue sa route vers l'Anjou (3).

Le soin de conclure la trève restait donc à Jean des Croix, qui se hâta de faire connaître ses

(1) Lettres du 18 et 27 août 1418. Voir Pièces justificatives, nᵒˢ VIII et X.

(2) Serviteur de la maison d'Orléans, chevalier, capitaine de Yèvre-le-Chastel, un des lieutenants du comte de Vertus (Note de M. du Fresne de Beaucourt). Il était capitaine du château de Talemont sur la Gironde, en 1409, et capitaine de La Rochelle, en 1414 (Bibl. nat., ms. franc., 20684, p. 24 et 51).

(3) Pièces justificatives, nᵒˢ III et IV.

instructions aux habitants de Tours et de leur demander, au cas où ils voudraient poursuivre « l'abstinence de guerre, » un sauf-conduit pour leur envoyer des députés afin de décider la suspension d'armes (23 août). Tours expédia sans délai le sauf-conduit, mais Jean des Croix ne le trouva pas à son gré; il ne faisait mention que de la châtellenie de Châteaurenault au lieu de s'étendre à tout le comté de Blois. Aussi s'empressa-t-il de soumettre le cas au comte de Vertus, et, en même temps qu'il lui demandait ce qu'il devait faire, il envoyait aux habitants de Tours un sauf-conduit « tel comme il me semble qui est nécessaire de avoir pour moy par deça » (27 août). Malgré tant de pourparlers et de lettres échangées, la suspension d'armes n'était pas encore signée; les conditions ne furent définitivement réglées que le 5 septembre. Jean des Croix les notifia officiellement, ce jour-là même, à la ville de Tours, et les soumit à son acceptation. L'armistice était consenti entre le gouverneur de Blois, le comte de Vertus et les gouverneur, bailli et capitaine de Tours, jusqu'à la Toussaint; il s'étendait à toute la Touraine, aux comtés de Blois, de Dunois et de Châteaurenault, et aux seigneuries de St-Aignan (1) et de Chemery (2), possessions de madame de Tonnerre; enfin on exigeait de la ville de Tours la

(1) St-Aignan, Loir-et-Cher, ar. Blois, chef-lieu de cant.
(2) Chemery, Loir-et-Cher, ar. Blois, cant. St-Aignan.

réparation des dommages causés, au mépris d'une première trève de huit jours, par les garnisons de Tours, Rochecorbon et du Boys, au mois d'août, réparation qu'elle avait promise, mais différait toujours (1).

La ville de Tours, à la réception de ces lettres, émit un avis favorable (2). Aussitôt Jean des Croix lui expédie un sauf-conduit pour envoyer des députés à Châteaurenault où sont déjà arrivés ceux du comte de Vertus pour la ville de Blois (10 septembre) (3); puis la ville de Tours s'engage, relativement à la trève, pour la somme de 1000 l., et le chapitre de l'église de Tours pour une somme égale « en tant que touche la garnison de Tours » (13 septembre) (4). Malgré la bonne volonté des Tourangeaux le temps s'écoulait; les pourparlers se prolongeaient sans aboutir à un résultat; le 23 septembre, Jean des Croix écrit aux habitants de Tours qu'il ne peut accepter la trève

(1) Lettres du 23, 27 août et 5 septembre — Pièces justificatives, nos IV, V, VI. La lettre du 5 septembre est attribuée par l'archiviste qui a classé les archives de Tours à l'année 1417; il faut sans aucun doute lui donner la date du 5 septembre 1418.

(2) 6 septembre 1418. « Sur le fait des lettres envoyées par le cappitaine de Chastel Regnault et des III esleuz de Blois touchant abstinence de guerre, et à ce qu'ilz requièrent restitucion des prisonniers prins durant l'abstinence de guerre : on pourchacera ladicte abstinence, et que réparacion sera faicte des prisonniers, et en sera parlé au maréchal, au bailli et cappitaine et à ce sera procédé par toutes les meilleures manières que faire se pourra » (Reg. des délib., I, fo 38 vo).

(3) Indiqué dans D. Housseau, XIIIᵗ, 10504.

(4) Reg. des délib., I, fo 39 vo.

telle que la proposent le conseil du duc d'Orléans et les délégués de Blois, de Tours et de St-Aignan : il est impossible d'admettre, dit-il, comme ils le veulent, que la suspension d'armes ne s'applique qu'aux gens d'église, bourgeois, marchands, laboureurs, et que les gens de guerre soient exclus ; le dauphin et le comte de Vertus seuls peuvent modifier les instructions qu'ils ont données sur ce point. Tout était remis en question, tout était à recommencer ; les négociations furent-elles poursuivies néanmoins? c'est peu probable, si l'on songe que cette rupture coïncidait avec le refus du dauphin de ratifier le traité de St-Maur-les-Fossés (16 septembre), fait en dehors de lui, sous l'inspiration du duc de Bretagne qui s'était porté garant de son acceptation. Dans ces circonstances, au moment où le dauphin recommençait la guerre, on ne dut pas poursuivre les négociations pour une suspension d'armes que la malheureuse issue des conférences de St-Maur rendait désormais inutile (1).

Il n'en fut pas de même avec l'Anjou ; dans ses rapports avec la reine de Sicile, la ville de Tours jouissait, en qualité de ville du parti bourguignon, du bénéfice d'une trêve conclue entre Yolande et le duc de Bourgogne avant le mois de septembre ; c'est ce qui ressort d'une lettre adressée par la reine aux élus, le 22 août ; la suspension d'armes

(1) Pièces justificatives, no VII.

avait cours à cette date, et la reine la reconnaît en faisant droit aux réclamations des élus qui se plaignaient que les gens de la garnison du Boys eussent, malgré l'armistice, été détenus à Sablé et à la Flèche. La reine, en vertu de ce traité avec Jean-sans-Peur, remit les prisonniers en liberté (1)

Les gens de guerre, pendant que la ville s'occupait activement de mettre fin aux hostilités par la conclusion d'une suspension d'armes, n'en continuaient pas moins leurs déprédations, et forçaient les habitants à envoyer messagers sur messagers pour se plaindre en haut lieu des excès commis : en août, G. de Champdivers est chargé d'aller vers le duc de Bretagne et la reine de Sicile pour demander qu'on décharge Tours « des gens d'armes et du gouvernement qui estoit en la dicte ville (2). » Un autre envoyé part de Tours le 17 août pour Paris afin d'exposer les maux causés par les hommes d'armes du bâtard de Pennart, et est fait prisonnier à Chevreuse (3). La confusion est à son comble : chaque capitaine pille quand bon lui semble, quand il manque d'argent ou de vivres, au mépris des trêves, qu'il ignore quelquefois, qu'il oublie souvent; comme ses soldats meurent de faim et se perdent dans

(1) Pièces justificatives, n° IX.
(2) Grandmaison, *Documents sur les arts en Touraine,* p. 250.
(3 Reg. des comptes, XVII, f° 55 v°.

l'oisiveté, il faut donner une carrière à leur humeur belliqueuse et les occuper à tout prix. On voit alors un marchand, sujet de la dame de Montbazon (1), originaire de Sainte-Maure (2), détroussé par la garnison de Tours, rançonner son troupeau et continuer sa route pour retomber, moins de deux lieues plus loin, entre les griffes de la garnison de Rochecorbon qui recommence la même comédie que celle de Tours : le tout malgré une suspension d'armes jurée entre la dame de Montbazon et les Tourangeaux (18 septembre) (3). Quelques jours après (2 octobre), un parti de gens de guerre, venu de Tours, se présente sous les murs du château de Semblançay (4), blesse plusieurs personnes et emmène prisonniers le prieur de l'Encloître (5) et quelques autres. Le capitaine écrit aux élus en se plaignant de ce procédé qui semble intentionnel à l'égard du duc d'Alençon, surtout après avoir permis de prendre les vins de

---

(1) Marguerite de Craon, fille de Guillaume, vicomte de Châteaudun, et de Jeanne, dame de Montbazon ; elle épousa Gui, VIIIe du nom, seigneur de la Rochefoucauld, Marthon, etc. Elle devint dame de Montbazon, de Ste-Maure et de Nouâtre après la mort de ses frères dont le dernier était à Azincourt ; le partage qu'elle fit avec ses sœurs est du 13 novembre 1419, d'après La Chesnaye des Bois. Nous voyons toutefois que dès 1418, elle prend le titre de dame de Montbazon.

(2) Sainte-Maure, Indre-et-Loire, ar. Chinon, chef-lieu de cant. 3 k. sud de Tours.

(3) Lettre du 11 septembre 1418. Pièces justificatives no XI.

(4) Semblançay, Indre-et-Loire, ar. Tours, cant. Neuillé-Pont-Pierre.

(5) L'Encloître, Indre-et-Loire, ar. Tours cant. Neuillé-Pont-Pierre, com. Rouziers. Ce prieuré dépendait de Fontevrault.

ce châtelain, et demande réparation ou déclaration de guerre (1). Un peu plus tard, c'est d'un autre côté que les gens d'armes se dirigent : sur le refus du capitaine du château de Colombiers (2), Fouques de la Roche, de livrer trois malfaiteurs au capitaine de Tours, refus motivé parce que le seigneur de Colombiers avait toute justice sur ses terres et pouvait par conséquent les juger lui-même ; la garnison de Tours (15 octobre), malgré une trêve, vint elle-même délivrer les prisonnniers et les prendre pour les faire passer en jugement. Cette manière d'agir trop sommaire lui attira de la part de Fouques de la Roche une énergique réponse, avec ordre de restituer les prisonniers sous peine de déclaration de guerre. La ville, à la réception de cette lettre, lui envoya un sauf-conduit du capitaine et sembla disposée à reconnaître ses torts (3).

Malgré la rupture du traité de St-Maur, le désir de la paix était si général que les négociations en vue d'une trêve furent néanmoins reprises sous les auspices du duc de Bretagne. La cour était

---

(1) Lettre du 2 octobre 1418. Pièces justificatives, no XII.

(2) Colombiers, aujourd'hui Villandry, Indre-et-Loire, ar. Tours, cant. Tours-sud., 17 k. de Tours. Ce château, situé près du confluent du Cher et de la Loire, appartenait à Guillaume de Craon, puis à Jean de Craon, son fils, tué à Azincourt. Guy VIII de la Rochefoucault, du chef de sa femme Marguerite de Craon, y prétendit, 1415-1419, mais le partage de famille l'attribua à Louis Chabot, son beau-frère (vers 1419). (D. Villevieille, Trésor généalogique, 32, p. 70 vo.)

(3) Pièces justificatives, no XIII.

fort contrariée du rejet des conditions de paix et très-irritée contre le dauphin (1). Pour chercher à le faire revenir sur sa décision, elle envoie vers lui la dauphine, retenue à Paris depuis l'entrée des Bourguignons dans cette ville : c'était encore une enfant, fiancée au dauphin, que sa mère Yolande se souciait peu de voir rester isolée à Paris; la cour se flattait que cette démarche toucherait le dauphin, le ramènerait à des sentiments plus pacifiques et ferait beaucoup « pour le bien de la paix. » Dans ce voyage, Marie d'Anjou, accompagnée de Regnier Pot, descend la Loire en bateau depuis Orléans; à Marmoutier elle trouve les bourgeoises de Tours venues pour la saluer à son entrée dans leur ville (5 octobre 1418) et pour lui offrir, au nom des habitants, un présent de linge. Elles lui font cortége jusqu'à ce qu'elle soit montée à cheval derrière le duc de Bretagne. Celui-ci la mène aux Montils et la ramène passer la nuit à Tours, d'où elle partit le lendemain (2).

(1) Nous avons une lettre du roi, écrite de Provins, sans date, mais se rapportant à novembre 1418, qui exprime ces sentiments d'une façon très-vive. Charles VI reproche à son fils de s'être éloigné de lui et d'avoir assiégé Tours; lui, au contraire, sur son désir, lui a envoyé sa femme, Marie d'Anjou, et ne cherche qu'à faire ce qui lui plaît. Il termine en sommant le dauphin de ratifier le traité de St-Maur-des-Fossés (Arch. nat., K. 60, nos 10 et 13).

(2) Monstrelet, chap. 199. — Reg. des comptes, XVII, fos 73 et 83 vo, et Reg. des délib., I, fo 41. — M. Giraudet, Hist. de Tours, I, 201, fait une confusion entre le passage de la dauphine à Tours en septembre 1417 et en octobre 1418. En septembre 1417, on ne lui donne pas de linge, mais de l'avoine, du vin et de la cire ou-

Les espérances de la cour furent déçues : la volonté inébranlable du dauphin était de ne pas ratifier le traité de paix, volonté qui se traduisit par une déclaration du 30 octobre, à Chinon, par laquelle il enjoignait de n'obéir aux ordres d'aucun autre que de lui (1).

Le duc de Bretagne, cependant, bien qu'il eût encouru la responsabilité du rejet de la paix en se portant garant de la ratification du dauphin, sans avoir de mandat sur ce point, ne se décourageait pas. Le 10 octobre, il écrit aux bourgeois de Tours qu'il a donné des ordres pour faire respecter la trêve conclue entre les provinces voisines de la ville : elle comprend les garnisons de Château-renault, Langeais (2), Cormery (3) et Tours, mais n'est définitivement établie que vers le 20 octobre, lorsque les lettres du duc de Bretagne et de la reine de Sicile sont publiées ; la trêve doit durer jusqu'à ce que les capitaines « eussent nouvelles de monseigneur le dauphin. » Nous ne savons pas combien de temps elle fut observée (4).

vrée (Reg. des délib., I, fº 9) ; elle était accompagnée de madame Catherine de France. En octobre 1418, on lui donna « 28 aulnes de tabliers de lin très-délié, en lèze de 5 quarts de large, 28 aulnes de garnitures de longières pour les tabliers, 16 aulnes de tabliers en entier de damas, en lèze de 5 quarts. » Regnier Pot était avec elle.

(1) Cité dans : Arch. nat., K. 60, nº 13.

(2) Langeais, Indre-et-Loire, ar. Chinon, chef-lieu de cant., sur la rive droite de la Loire, à 24 kil. de Tours.

(3) Cormery. Indre-et-Loire, ar. Tours, cant. Montbazon, sur l'Indre, à 20 kil. de Tours.

(4) Indiqué dans D. Housseau, XIIIᵉ, nº 10497. — Reg. des comptes,

IV

Le dauphin, depuis sa sortie de Paris, au moment où les Bourguignons y étaient entrés, avait concentré à Bourges (20-25 juin) des forces militaires considérables. Son échec devant Tours, en juillet, et les conférences pour la paix, avaient arrêté les opérations de guerre, et les troupes levées avaient été réparties dans les villes du Poitou, du sud de la Touraine et du Berry. La rupture des négociations et le rejet du traité de Saint-Maur firent reprendre au dauphin la campagne. Il passa le mois d'octobre en Touraine, se préparant à la guerre et concentrant son armée pour de nouvelles opérations. Les troupes mises sur pied étaient très-nombreuses, et se réunirent vers la fin d'octobre et le commencement de novembre à Chinon (1). Tours, dans ces circonstances, allait être la première menacée : aussi se met-elle promptement en état de défense ; les pouvoirs des élus expirent le 31 octobre 1418 ; en présence de la gravité des circonstances, les gens d'église, bourgeois et habitants de la ville

XVII, foʷ 58 et 68 vᵒ. — Le 4 et le 6 novembre, la ville envoie à Châteaurenault un messager au sujet de la trêve ; c'est la dernière trace que nous ayons de cette suspension d'armes (Reg. des comptes, XVII, fᵒ 107 vᵒ).

(1) Voir sur ce point nombre de montres passées à Chinon. aux dates du 30 octobre, 2 novembre, 12 novembre. (Clairambault, Titres scel., passim.—Bibl. nat., ms. franç. 7853.—Arch. nat., K.59.

décident qu'on les prorogera jusqu'à Noël (1) ; les absents rentreront dans la ville dans le délai de huit jours, et le capitaine fera cesser les excès de ses gens afin qu'on puisse faire les labours, recevoir des marchands et vivre en paix (2). Dès le mois de juillet, les préparatifs de défense avaient été faits : réparations aux murailles supportées proportionnellement par les gens d'église et les bourgeois, et dirigées par ces derniers (3); armements de toutes sortes, achats de bomb⸱rdes, poudre, tapons et pierres à canon, cordes, pavés, poches de cuir pour la poudre et sacs de toile pour les tapons, rien n'avait été négligé (4). A la nouvelle de l'approche du dauphin, les élus complètent leurs approvisionnements de poudre, de tapons, de viretons, de plommées pour l'artillerie, et achètent cinq canons pesant soixante-sept livres chacun, et une bombarde de cent quatre-vingt-treize livres, lançant des pierres de dix-huit livres ; ils arment en même temps trois chalands pour la garde de la ville (5).

La ville de Tours ne fut pas attaquée aussitôt

(1) Reg. des délib., I, fº 42.
(2) 9 novembre. Reg. des délib., I, fº 42 vº.
(3) Reg. des comptes, XVII, fº 85.
(4) Reg. des comptes, XVII, fºˢ 46, 48, 50.
(5) Reg. des comptes, fºˢ 104 vº, 105 vº, 106 rº et vº, 115 rº et vº. Cette bombarde éclata pendant le siége de Tours ; le canonnier Étienne Bouchart reprit les morceaux jusqu'à concurrence de 185 livres de métal, et la ville ne lui paya que 12 livres tournois au lieu de 25 livres qu'il avait refusées aux élus pour sa bombarde, avant qu'on ne la lui réquisitionnât.

qu'elle aurait pu s'y attendre. Après avoir concentré ses troupes en Touraine, le dauphin était
à Loches le 6 novembre, et à Romorantin le 9,
dessinant une marche vers le coude de la Loire
en traversant la Sologne (1); le 13 novembre
nous le trouvons à Jargeau (2); son but, disent les
chroniques, est de délivrer l'évêque de Clermont,
Martin Gouge, un de ses principaux conseillers,
retenu prisonnier à Sully par Georges de la Tré-
moille; le 15, son armée est devant la place de
Sully, et commence à l'assiéger; la ville et le
château sont vigoureusement attaqués et battus
en brèche, mais le siége eût duré longtemps
encore, si l'arrivée du comte de Vertus n'eût
amené des négociations qui firent restituer aux
assiégeants l'évêque de Clermont et accorder
son pardon au sire de Sully (3).

Le but du dauphin était atteint; il ramena
aussitôt son armée devant Tours. Le 22 novembre,
il était revenu à Loches (4); le 26 novembre
1418 (5) le siége de Tours commençait, et les

---

(1) D. Housseau, IX, nos 3828, 3829. — Du Tillet, *Recueil des traitez*,
etc. p. 215.

(2) *Titres de Bourbon*, II, p. 511. — Jargeau, Loiret, ar. Orléans,
chef-lieu de canton.

(3) Sully, Loiret, ar. Gien, chef-lieu de canton. — Rymer, IV, pars 3
p. 76. — Cousinot, ch. 169 — Juv. des Ursins (Godefroy, p. 355).

(4) Bibl. nat., ms. franç. 7853, fo 346 vo.

(5) En celui an 1418, ou vingt-sixiesme jour du mois de novembre,
monseigneur le daulphin mist le siége devant Tours (P. de Cagny,
chap. 59). — Cf. Arch. mun. de Tours, EE, liasse 2 (Lettres d'abo-
lition du 30 décembre).

troupes arrivaient sucessivement, se groupant autour du dauphin, leur commandant en chef (1).

Il nous est très-difficile de déterminer exactement l'effectif des troupes employées au siége ; les chiffres donnés par les chroniqueurs sont toujours très-exagérés, et les montres qui nous sont parvenues ne nous fournissent que des renseignements incomplets ; nous savons, en effet, que beaucoup sont perdues et que celles qui subsistent, dispersées dans beaucoup de dépôts publics ou particuliers, échappent souvent à nos recherches. En outre, la fixité des cadres des armées était des plus douteuses, et l'effectif réel des compagnies comprenait la moitié de l'effectif nominal, au moins dans les cas que nous avons pu constater nous-même (2). Néanmoins, d'après les renseignements que nous avons, nous trouvons devant

(1) Le 24 novembre 1418, Olivier du Feschal était devant Sully ; il commandait cent hommes d'armes sous le gouvernement du dauphin (Clairambault, Titres scel., 47, p. 3509 ; 28, p. 2059 ; 11, p. 713 ; 103, p. 7999). On ne peut admettre que le 26 ses hommes d'armes fussent arrivés devant Tours.

(2) Pour donner une idée de l'instabilité des cadres, nous citerons l'exemple suivant : le 6 décembre 1418, Gilles de St-Savin, avec dix-neuf écuyers de la compagnie de Jean de Torsay, fait montre à Tours (Copie de Joursanvault, Bibl. de Tours, n° 1255, p. 294-295) ; un mois avant, le 2 novembre à Chinon, il était sous les ordres d'Antoine du Pesle (K. 59, n° 20[28]), qui lui-même, le 6 décembre 1418, était sous les ordres du bâtard de Torsay (K. 59, n° 20[43]). — Nous avons la montre de Jean de Varèze et de douze écuyers au siége de Tours, le 15 décembre 1418 (K. 53, n° 45[106]) ; le même Jean de Varèze faisait sa montre et celle de dix-huit écuyers, le 1er septembre à St-Sauveur-de-Charroz (K. 59, n° 20[9]). En comparant les deux montres, il n'y a qu'un seul nom qui se retrouve dans les deux ; la composition des autres lances avait été entièrement modifiée dans ce court espace de temps.

Tours plus de 1000 hommes d'armes et de 250 hommes de trait, ce qui représente au moins 5 à 6000 hommes. C'est là un chiffre certainement beaucoup trop faible, et, en comparant les troupes concentrées à Bourges en juin et celles qui sont devant Tours, en tenant compte de l'affluence des chefs militaires à ce siége, en remarquant que nous avons beaucoup de montres antérieures reçues à Chinon, ou postérieures reçues à Loches, dont les écuyers, selon toute vraisemblance, ont dû aller sous les murs de Tours (1), nous ne croyons pas être au-dessus de la vérité en disant que le dauphin devait avoir autour de lui au moins 10,000 combattants. Le commandement supérieur de l'armée appartenait au dauphin; sous ses ordres les principaux seigneurs, le duc d'Anjou, le comte de Vertus, Jean de Bretagne, seigneur de l'Aigle, Jean de Torsay, maître des arbalétriers, Olivier de Feschal, Charles le Bouteiller, commandaient des compagnies dont l'effectif variait de 100 à 500 hommes. Nous avons dressé le tableau des montres reçues à ce siége, telles que nous les avons trouvées; elles donnent une idée de la composition de cette armée.

(1) Nous avons déjà indiqué nombre de montres reçues à Chinon à la fin d'octobre 1418 et au commencement de novembre; en janvier 1419, nous avons aussi des montres reçues à Loches, d'écuyers qui avaient dû assister au siége de Tours (Bibl. nat., ms. franç. 7853, fo 340 et suiv.).

1er décembre 1418 :

Robert de Montfort et seize écuyers ; —Jean de Fismes et seize écuyers ; — Philippe de Moustire ou Moustier et seize écuyers ; — Nicolas le Conte et seize écuyers ; — Jean, bâtard de la Moussaie, et seize écuyers ; — Geffroy de Chasteaulx et seize écuyers ; — Jean du Tertre et seize écuyers ; — Geffroy Caty et quinze écuyers (1).

5 décembre :

Jean de Bretaigne, seigneur de Laigle, lequel monseigneur le daulphin, par ses lettres données en son ost devant Tours le 5 décembre 1418 a retenu au nombre de CCC hommes d'armes et C hommes de trait.

Ledit Jean de Bretaigne et dix-huit écuyers ; — Jean Payen et dix-huit écuyers ; — Olivier de Broon et dix-huit écuyers ; — Jean Glanguen et dix-huit écuyers ; — Olivier le Deunois et dix-huit écuyers ; — Henry Kaermeret et dix-huit écuyers ; — Guillaume de Quelleneuc et dix-huit écuyers ; — Prigent Huon et dix-huit écuyers ; — Lucas de Treougat et dix-huit écuyers ; — Guillaume le Deunois et dix-huit écuyers ; — Hervé le Coni et onze écuyers ; —Rolant de la Vigne et dix-huit écuyers ; —Guillaume Hideux et dix-huit écuyers ; — Prigent le Doezit et dix-huit écuyers ; —Alain Roland et dix-huit écuyers (2).

(1) D. Morice, *Hist. de Bretagne*, Preuves, II, col. 984 (Édition de 1744).
(2) D. Morice, *Hist. de Bretagne*. Preuves, II, col. 986.

6 décembre :

Montre de Gile de St-Savin et de dix-neuf écuyers (compagnie de Jean de Torsay) (1).

Montre d'Alexandre, bâtard de Torsay, et dix-huit écuyers (2).

8 décembre :

Montre de Louis de St-Simon et de quatorze écuyers (compagnie d'Olivier du Feschal) (3) ; — Revue de Sanche Gassié, un connétable et quarante-six arbalétriers ; — Enygo de Baille, un connétable et soixante arbalétriers ; — G. Bouviet, un connétable et soixante-six arbalétriers (4).

9 décembre :

Montre de Michel de Normanville et de vingt-neuf archers écossais (5).

10 décembre :

Revue de Plotart de Cluys et quatorze écuyers (6).

---

(1) Jean de Torsay, seigneur de Lezay, maître des arbalétriers, était chambellan du duc de Berry et d'Auvergne en 1397, chambellan du roi en 1408. C'était un des principaux conseillers du dauphin (Cab. des titres, au mot TORSAY). La compagnie de Jean de Torsay comptait 500 hommes d'armes et 600 hommes de trait. — Copie de Joursauvault, Bibliothèque de Tours, 1255, p. 294-295.

(2) Arch. nat., K. 59, n° 20⁴³. — Nous croyons que le bâtard de Torsay devait faire partie de la compagnie de Jean de Torsay. La similitude de nom et de date de la revue nous y autorisent.

(3) La compagnie d'Olivier du Feschal comptait 100 hommes d'armes. — Bibl. nat., ms. franc., 25766, n°ˢ 749-750.

(4) Arch. nat., K. 59, n°ˢ 20⁴⁴⁻⁴⁶.

(5) Bibl. nat., ms. franç. 7853, f° 346 v°.

(6) K. 59, n° 20⁷.

12 décembre :

Jean du Boys et seize écuyers ; — Pierre de la Grange et seize écuyers ; — Jacques Julian et quinze écuyers ; — Charlot Bataille et seize écuyers ; — Guillaume Arrachevesse et seize écuyers ; — Robinet de Boutanvillier et quinze écuyers ; — Guillaume Beglier et dix-huit écuyers ; — Robert Bersonnier et dix-huit écuyers ; — Jean de Chaumerez et dix-huit écuyers ; — Jean de Houppelines et dix-huit écuyers ; — Pierre Fortescu et dix-huit écuyers ; — Philippon de la Roche et quatorze écuyers (1).

12 décembre :

Guillaume d'Avaugour retenu avec cent hommes d'armes à Tours, le 6 décembre ; sa compagnie comprend : Guillaume d'Avangour, quatorze écuyers, un trompette, vingt archers ; — Guion de Pieaune et dix-huit écuyers ; — Geffroy d'Aubigné et dix-huit écuyers ; — Giles d'Eschamvillier, seize écuyers et quinze archers (2).

13 décembre :

Montre du comte de Vertus retenu par le dauphin, le 8 décembre, à Tours avec deux cents hommes d'armes et cent hommes de trait : De Vertus, quatre chevaliers bacheliers et deux écuyers ; — Jean de Prie, un chevalier bachelier et dix-sept écuyers ; — Jean de Neillac, seigneur

---

(1) D. Morice, II, col. 986.
(2) Bibl. nat., ms. franç. 7853, fᵒˢ 340 vᵒ et 341.

de Chasteaubrun et dix-neuf écuyers ; — Jean Grosse-Teste et dix-sept écuyers ; — Rodigo Aleurée et dix-sept écuyers ; — Regnault de Saintie et dix-sept écuyers ; — Jean de Crassay, seize écuyers (1).

14 décembre :

Quittance de Guillaume de Beaulon pour ses gages et ceux de quatorze écuyers (compagnie d'Olivier du Feschal) (2).

15 décembre :

Montre de Jean de Varèze et de douze écuyers (3).

16 décembre :

Quittance de Jean le Clerc, écuyer pour ses gages et ceux de quatorze écuyers (compagnie de messire Charles le Bouteillier) (4).

Jean des Croix, treize écuyers et un trompette. — Guffin Guitto et onze écuyers (5).

17 décembre :

Le duc d'Anjou est retenu par lettres du dauphin avec quatre cents hommes d'armes et

(1) Bibl. nat., ms. franç., 7853, f° 347 v°.
(2) Clairambault, Titres scel., 12715.
(3) K⁶⁵ n° 45¹⁰⁰. — Jehan de Varèze, chevalier, seigneur de Châteautison, chambellan du régent, était fils de Guy de Varèze, et d'Andrée de Mons. En novembre et décembre 1417, il était capitaine et passait en revue, à Poitiers, ses hommes d'armes, le 1ᵉʳ septembre 1418, il faisait montre de dix-huit écuyers à Saint-Sauveur-de-Charroz. Il épousa, en 1419, Jeanne Chasteigner, dame de Maigne et Châteautizon, et mourut avant 1430 (Bibl. nat., Cab. des titres, au mot VARÈZE. — Fonds franç., 25766, n°ˢ 741 et 741 bis et 26042, p. 5235. — Arch. nat., K. 59, n° 20¹. — Du Chesne, Histoire des Chasteigniers, p. 173).
(4) Clairambault, Titres scel., 32, p. 2413.
(5) Bibl. nat., ms. franç. 7853, f° 347 v°.

deux cents hommes de trait. Sa compagnie, à Chinon, comprenait (6 décembre): Baudouin des Roches, cinq écuyers bacheliers, douze écuyers et sept archers à cheval; — Guillaume de l'Ile et dix-sept écuyers; — Girault Buchan et dix-sept écuyers (1).

23 décembre 1418 :

Fouquet de Maulay est retenu avec cinquante hommes d'armes et trente hommes de trait. Le 25 décembre, sa compagnie se compose de : Fouquet de Maulay, un chevalier bachelier, douze écuyers et dix-neuf archers; — Gilles de Foillières et treize écuyers (2).

27 décembre :

Jean de Feuerols et seize écuyers; — Jehan Béthement et seize écuyers; — Pierre, bâtard de Beaumont et quinze écuyers (3).

Le siége commença le 26 novembre 1418. Pour être libre de porter toutes ses forces sur la ville, le dauphin, qui avait dégarni en parti de troupes le Berry et le Bourbonnais, par crainte d'attirer sur ces pays de nouveaux maux et de nouveaux pillages, ordonna de s'abstenir pendant un mois de toute hostilité contre les gens du duc de Bourgogne en Nivernais, Bourgogne et Charolais (4).

Les murailles étaient en bon état de défense, les

(1) Bibl. nat., ms. franç., 7858, fº 346.
(2) Bibl. nat., ms. franç., 7853, fº 348.
(3) Bibl. nat., ms. franç., 7853, fº 348.
(4) 29 novembre 1418. — *Titres de Bourbon*, II, nº 5114.

armements au complet. La ville avait une bombarde au portail St-Vincent, la grosse bombarde était au pont sur la Loire (1). L'armée du dauphin porta ses efforts sur le portail de la Riche ; c'est par ce point qu'elle attaqua la ville ; aussi les élus firent-ils transporter là la grosse bombarde pour répondre à celle du dauphin, placée devant N.-D. de la Riche. En même temps ils donnaient l'ordre de remplir la tour carrée de terres et fumiers pour les bombardes, et de raser la couverture et la charpenterie, mesure déjà prise pour les autres tours (2). Le siége se prolongeant et devenant plus sévère, la ville dut prendre des dispositions pour assurer l'alimentation des habitants. Elle décida, 14 décembre, que quinze boulangers cuiraient continuellement du pain pour les assiégés (3). Sur ces entrefaites, une des bombarbes des Tourangeaux éclata, et l'artillerie ennemie, dirigée par un canonnier d'Orléans, Étienne Charpault (4), commença à faire des brèches aux remparts entre la tour carrée et le portail de la

(1) La porte St-Vincent était au sud de la ville, entre l'église St-Vincent et l'église St-Etienne.

(2) Reg. des comptes, XVII, f°s 96 v°, 99 et 110 v°. La porte de la Riche était à l'ouest de la ville, en face de N.-D. de la Riche, située en dehors de l'enceinte.

(3) 14 décembre. — Quinze boulangers fornoieront continuellement pour servir le peuple, sur la requeste de monsieur le bailli d'avoir provisions pour le chastel ; que le moins que l'en pourra l'en compose et qu'il soit prins à lever par porcion sur toutes gens d'église et autres (Reg. des délib., I, f° 44).

(4) Le duc d'Orléans, le 11 janvier 1419, ordonne de payer à Étienne Charpault, canonnier à Orléans, 6 l. 5 s. t. pour ses bons

Riche, brèches qu'on réparait la nuit (1). Le besoin de la paix, qui se faisait alors très-impérieusement sentir, se fit jour, et le quatrain suivant fut dans toutes les bouches :

Je soutiendrai devant tous
Que la pès vaut mieux que Tours,
Je veil soutenir qui qu'en grogne
Que pès vault mieux que Bourgogne (2).

Enfin une brèche plus importante fut faite par les assiégeants près du portail de la Riche, le 28 décembre ; la ville était bien battue, les approches étaient faites, l'assaut pouvait être donné ; mais le dauphin, pour éviter l'effusion du sang, préféra traiter avec le capitaine, et fit remettre par le trésorier des guerres 14000 livres à Charles Labbé. A ce prix il rendit la ville et prêta serment au dauphin (3). « Par ce moyen, ajoute le chro-
« niqueur, il eut une bien belle et bonne chastel-
« lenie, en la comté de Poictou, nommé Monstreau-

et agréables services rendus au comte de Vertus au siége de Tours, au service et en la compagnie du dauphin (Bibl. nat., ms. franc., 26042, p. 5320).

(1) Reg. des comptes, XVII, fº 101 vº.
(2) *Revue des Sociétés savantes*, 1857, p. 707.
(3) A Jehan Charrestier, homme de bras, la somme de LXVI s. VIII d. (pour lui et plusieurs autres), lesquelx sont au nombre de LXII qui furent pour porter de la terre et du fumier à la bresche du mur que la grousse bombarde qui estoit devant Nostre-Dame de la Riche avait abatue emprès le portail de la Riche davan la dixaine de Jehan Gobin, Olivier Laillier, et Jehan Laillier le mercredi d'après Noel, xxviiiᵉ jour de décembre, l'an mil IIIIᶜ xviii (Reg. des comptes, XVII, fº 110 vº). — D. Morice. *Histoire de Bretagne*, éd. de 1744, II, col. 991.

« Bouvin (Montreuil-Bonnin. Maine-et-Loire, ar.
« Saumur, chef-lieu de cant.) et servit depuis
« loyaument. » Les autres hommes d'armes ne
furent pas contraints de prêter serment ; on leur
donna un sauf-conduit pour aller où bon leur
semblerait (1).

Les lettres de pardon furent rendues par le
dauphin le 30 décembre ; tous les faits accomplis
depuis le 2 novembre 1417, le crime de révolte
encouru par les Tourangeaux étaient oubliés, les
habitants ayant été déçus « par simplesse et igno-
rance, et aussi par crainte et doupte dudit de
Bourgogne (2). » Tours rentrait dans le devoir, elle
revenait à son naturel seigneur, et rompait définitivement avec le parti bourguignon, qu'elle ne
suivait plus depuis quelque temps déjà que sous la
pression des fonctionnaires imposés par Jean-sans-
Peur. Le dauphin, dont les finances étaient très-
obérées, et qui avait acheté fort cher la trahison
de Charles Labbé, redevenu maître do Tours, se

(1) D. Godefroy, p. 355. — Monstrelet, III, chap. 199.
(2) Arch. mun., EE, liasse 2. — Au grand conseil où furent
décidées ces lettres assistaient le duc d'Anjou, le comte de
Vertus, messire Jacques de Bourbon, le sire de Laigle, le comte
de Tonnerre, le maréchal de Rochefort, le maître des arbalétriers
Jean de Torsay, les sires de Barbazan, de Montenay, de Mortemart et de Beauvau, le président de Provence, Jean Lou-
et, etc.
Les frais auxquels se montèrent la confection et le scel de ces
lettres furent de 120 écus d'or, dont la majeure partie, 100 écus,
fut donnée à maître Henry Mauloue, audiencier de la chancellerie
du roi ; il demandait d'abord 400 écus d'or, mais la ville transigea
pour 120 écus d'or en 1422 (Reg. des comptes, XX, fº. 70 vº).

hâte d'appeler auprès de lui six des plus notables
bourgeois (13 janvier 1419), et de profiter des
bonnes dispositions des habitants à son égard pour
obtenir d'eux quelque argent (1). Il leur demande
30,000 fr., « tant sur la ville que sur les églises, il
baillera assignation sur les monnaies et sur les
fermiers et revenus. » A ce prix, si les Tourangeaux
se montrent bons et loyaux sujets, il les aimera et
oubliera tout. Comment repousser la requête de
leur libérateur, de leur nouveau maître? Ne pouvant reculer, les habitants promettent de l'aider
tant qu'ils pourront et décident d'entendre les
commissaires pour se mettre d'accord sur l'exécu-
tion de leur résolution. Ces bonnes intentions ne
suffisaient pas au dauphin : il manquait d'argent,
et, dès le lendemain (14 janvier), il insistait pour
qu'on lui prêtât l'argent, en échange d'une bonne
lettre et assignation de recouvrement sur les
monnaies de Tours, Chinon et autres revenus. La
ville répondit qu'elle était prête à obéir corps et
biens au dauphin; il eut l'argent qu'il attendait
avec tant d'impatience (2).

(1) Pendant la durée du siége nous savons que le dauphin
reçut, vers le 8 décembre, d'Angers, 4000 francs pour payer les
troupes (Clairambault, Titres scel., 27, p. 1975), et, vers le 25
décembre, 1600 l. de Bourges pour le même motif (Cabinet des
titres, au mot CANLERS). — (Communication de M. du Fresne de
Beaucourt.)

(2) Reg. des délib., I, fos 47 et 48. — Le 20 février 1419, une
nouvelle lettre du dauphin, ordonna aux élus de contraindre
ceux qui n'avaient pas payé leur part du prêt (Reg. des délib.,
I, fo 50).

La ville de Tours était fidèle à la cause du dauphin, la domination bourguignonne n'était plus qu'un souvenir, mais une mesure seule restait à prendre ; le dauphin la demanda et la fit exécuter par ses officiers de concert avec les magistrats municipaux : ce fut l'expulsion de la ville, dans le délai de huit jours, des femmes des partisans du duc de Bourgogne et la confiscation de leurs biens (1).

Après cette mesure le dauphin n'avait plus rien à craindre ; Tours était purgée des derniers vestiges d'un pouvoir rival ; le bailli, Guillaume d'Avaugour, le capitaine, Antoine du Pesle, étaient des hommes dévoués à la cause du régent ; lui-même avait passé deux mois dans la ville et avait pu s'assurer de ses dispositions pacifiques ; il avait désigné, pour défendre la Touraine, un effectif de cent vingt-quatre hommes d'armes et cent quatre hommes de trait répartis entre les diverses forteresses du pays (2). Il pouvait s'éloigner, sûr que sa conquête, si pré-

(1) 20 février 1419. — Les femmes expulsées sont : la femme Colas le Maistre, la femme Thomas le Conte, la femme Marquade, Ernolet, les deux damoiselles de Baudry (Reg. des délib., I, fo 50).
(2) La répartition était ainsi composée :
Tours, soixante hommes d'armes et quarante-sept arbalétriers. — Chinon, trente hommes d'armes et trente arbalétriers. — Loches, vingt hommes d'armes et vingt arbalétriers. — Châtillon, quatre hommes d'armes et quatre arbalétriers. — Langhais, quatre hommes d'armes et quatre arbalétriers. — Rochecorbon, six hommes d'armes et cinq arbalétriers. — (Bibl. nat., ms franç., 7853, fo 340.)

cieuse par son importance et sa position, ne lui échapperait pas et ne retournerait pas au parti d'Isabeau de Bavière et de Jean-sans-Peur.

PIÈCES JUSTIFICATIVES

———

I

Très-chier sires et parfait ami,

Je me recommande à vous tant comme je puis, et vous plaise savoir que j'ay bien veu les lettres que me rescripstes l'autre jour par un de mes gentixhommes, nommé Baudoyn Framiau, esquelles lettres estoit contenu comment vous vous offrez à moy moult grandement, dont je vous mercie tant que je puis et pareillement vouldroye faire à vous; et pence que vous ne vous estes pas aperceu que je voulsisse faire le contraire : car sanz faulte je seroie bien marry de faire chose qui deust desplaire au roy ne à la royne ne à leurs bien vueillans. Mais est bien vray que je avoye rescript unes lettres aux faulx paisans de la ville de Tours et des eglises, car de piecza je ne suis pas bien avecques eulx, et quant est à ce que vous m'aviez [escript] que je envoyasse devers le seigneur de Montberon pour le fait de mes gens qui avoient esté prins de ceulx de Tours, vuillez savoir que je y ay envoyé mais je n'en ay point encores eu de reponse ; mais, si tost que j'en auray eu responce, je le vous feroy savoir, très-chier sire et parfait ami.

Il est vray que j'ay une suer qui est veusve, laquelle demoure en un de mes hostelx nommé la Vielle-Moutliherne; et lui a l'en donné entendre que voz genz lui vouloient mener guerre et aussi pareillement m'a l'en

donné entendre qu'ilz vouloient mener guerre à la
parroisse de Fondetes, lesquelles choses je n'ay pas
voulu croire, car je n'ay pas fait le pourquoy. Si vous pri
tant que je puis qu'il vous plaise garder mes hommes et
ma terre comme vous vouldriez que je gardasse les
vostres et eusse plus souvent envoyé devers vous, ce ne
fust la mauvestié de faulx paisans dessusdits, et pence
que vous estez assez aperçu de leur mauvestié, plus ne
vous rescrips, fors que vuillez croire Pierre Thoiniau,
mon gentil homme, de ce qu'il dira de par moy et y
adjouster tant de foy comme se moy meismes le vous
disoye. Nostre Seigneur soit garde de vous.

Escript à Maillé, le premier jour de juign.

Hardoyn DE MAILLÉ.

(Au dos). *A mon très-chier sires et parfait ami Charles
Labbé, cappitaine de Tours.*

(Plus bas). — *Le capitaine a dit en l'assemblée de la ville que
lesdictes lettres lui ont esté presentées par Thoyniau, et lui a
dit en sa creance qu'il grevera lors les [gens] d'église et bourgois de Tours, et que tous ceulx qu'il trouvera de la ville, il les
prandra*

[Arch. mun. de Tours, EE, liasse 2].

II

Chiers et grans amis,

Vous avez nagaires envoyé à messire Jehan des
Croix, capitaine de Chasteau Regnaut, certaines lettres et cedules pour prendre et avoir abstinence de
guerre entre vous et les gens de la garnison de Tours et
de Rochecorbon d'une part, et ledit messire Jehan des
Croix d'autre part, pour lesquelles choses ledit messire
Jehan des Croix est venu par devers nous et nous
a monstré lesdictes lettres et cedules pour savoir nostre
voulenté sur ce. Et nous, pour reverence de Dieu

premièrement, et après affin que les biens que Dieu a
envoyé sur terre peussent estre cuillis et mis en sauf au
prouffit de ceulx à qui il appartient, et affin aussi que les
poures laboureurs peussent semer et remettre en terre
des blés pour en recouvrer en l'année à venir, avons
esté d'acord de ladicte abstinence de guerre jusques à
certain temps. Neantmoins nous avons sceu que les
dictes gens de la garnison de Tours et de Rochecorbon
ont fait de très-grans dommages sur le pais de monseigneur nostre frère et de nous pendant ce que ledit
messire Jehan des Croix estoit venu devers nous pour
ladicte abstinence, et y ont prins bien xxx prisonniers
subgiez de mondit seigneur nostre frère, et avecques
ce avoient par avant prins Pierre de Lursaut, dit la Beste,
escuyer, et dernièrement Mathelin Hanappier, sergent de
mondit seigneur nostre frère en la conté de Blois que
nous envoyons en aucuns lieux de ladicte conté de Blois
pour noz affaires, et aussi ont prins plusieurs autres personnes; et nous samblent très estranges manières et qui
ne sont pas bonnes pour parvenir à ladicte abstinence; et
pour ce envoyons par devers vous le porteur de cestes.
vous requerant que vous faictes delivrer ledit escuyer,
ledit sergent et tous les autres prisonniers, et que vous nous
rescripvez ce que vous avez intencion de faire au seurplus
pour le temps avenir; car, sceuc vostre voulenté et
entencion, nous y pourverrons ainsi que Dieu nous
conseillera. Dieu soit garde de vous.

Escript à Blois, le xiiie jour d'aoust.

                                        PHELIPPES.
PERRIER.

(Au dos). — *A noz chiers et grans amis les gens d'eglise,
bourgois, manans et habitans de la ville de Tours.*

[Original. Arch. mun. de Tours, AA, 10. Edidit, V. Luzarche:
Lettres historiques des archives communales de la ville de Tours,
Mame, 1861. in-8°, p. 244.]

III

Chiers seigneurs,

Je me recommande à vous tant que je puis, et vous plaise savoir, que pour certaines besoingnes touchant le fait de ceste paix dont messieurs de Bretaingne, de Vertus, d'Anjou et d'Alençon se meslent, a esté advisé d'envoier certaines gens devers la royne et monseigneur de Bourgoingne et aussi devers monseigneur le Daulphin et devers la royne de Secille, et entre les autres a esté délibéré de m'envoier devers la reine de Secille et Monseigneur d'Anjou, et pour ceste cause j'envoie par delà devers vous, le sire de Monberon et Charles Labbé, en les priant très-acertes qu'ilz ne veuillent donnèr et envoier sauf conduit pour moy, xv personnes à cheval, armez ou desarmez, et au dessoubz et avecques ce qu'ilz ne vuillent envoier chascun un gentilhomme de leur hostel pour moy conduire, et qu'ilz me facent savoir si je pourray passer par Tours seurement à tout mon conduit et sauf conduit. Si vous pry très-acertes, chiers seigneurs, que pareillement il vous plaise moy envoier sauf conduit de vous, et faire savoir par le porteur de cestes que j'envoie par devers vous si pourray seurement passer par vostre dicte ville, par lequel je vous pry que ne veuillez envoier ledit sauf conduit et le delivrer le plus brief que vous pourrez, et s'aucune chose vous plaist que je puisse, mandez le moy, et je le feray de bon cuer. Chiers seigneurs, Nostre Sire vous ait en sa saincte garde.

Escript à Blois, le xiiie jour d'aoust.

GRINGNAUS

[Original. Papier. Arch. mun. de Tours, EE, liasse].

IV

Très-chiers et honnourez seigneurs,

Je me recommande à vous, et vueillez savoir que j'ay envoyé par devers monseigneur de Vertuz les lettres que derrenièrement vous m'aviez escriptes, et aussi les lettres que la royne de Secile vous avoit escriptes touchans le fait de l'abstinence de guerre avec la copie de l'abstinence de guerre tele que vous vouldrez qu'elle soit passée et acordée par deça, lesquelles vous me aviez envoiées. Si vueillez savoir que mondit seigneur de Vertuz m'a escript qu'il envoyoit à Angiers messire François de Gringneaux pour aucunes choses, et avoit chargé mondit seigneur de Vertuz audit messire François qu'il passast à Tours et qu'il parlast à monseigneur de Monbron, messire Guillaume de Remenueil, Charles Labbé et à vous tous ensemble, et lui avoit baillées certaines instruccions pour vous declairer et vous monstrer sur le fait de la dicte abstinence de guerre ; lequel messire François est venu jusques à Amboize, et de là il a envoyé querir un sauf conduit de monseigneur de Monbron pour ce qu'il se apelle mareschal de France, et lui sembloit que sans le sauf conduit de monseigneur de Monbron il ne povoit bonnement entrer en la ville de Tours ; et pour ce que le messaige qu'il avoit envoyé à Tours demouroit trop, il s'en est parti dudit lieu d'Amboize et s'en est venu par ycy, et d'icy s'en va à Angiers et m'a laissée l'instruccion que mondit seigneur de Vertuz lui avoit baillée tele qu'il veult qu'elle soit passée de vostre cousté et du nostre, et ces choses ycy je vous fais à savoir afin que vous en parlez à monseigneur de Monbron, à messire Guillaume de Remenueil et à Charles Labbé ; et ou cas que ce seroit leur voulenté et de vous autres, messieurs

de la ville, que vous vueillez .entendre à ladicte
abstinence de guerre, que vous le me vueillez rescripre
et le sauf conduit en la manière que vous le vouldrez
avoir pour venir par deça, et quel nombre de gens et les
noms de ceulx que vous vouldrez qui y viengnent, et
je le vous envoyeray. Nostre Sire vous ait en sa garde.

Escript à Chasteau-Regnault, le xxiiie jour d'aoust.

Le vostre,

Jehan des CROIX.

(Au dos). *A mes très-chiers et honnourez sieurs les seigneurs de l'esglise et bourgois, manens et habitans de la ville
de Tours.*

[Original. Papier. Arch. mun. de Tours, EE, liasse 2.]

V

Très-chiers et honnourez seigneurs,

Je me recommande à vous, et vueillez savoir que j'ay
receu les lettres que vous m'avez escriptes touchans le
fait de l'abstinence de guerre dont nous avons parlé
ensemble, et aussi le sauf conduit que vous m'avez
envoyé, lequel n'est pas en la manière que nous avions
parlé, car il n'y est rens comprins dedens icelui sauf
conduit de la conté de Blois, si non seulement la
chastellenie de Chasteau Regnault; et il devoit estre
envoyé pour toute la conté de Blois. Si ay envoyé
lesdictes lettres à monseigneur de Vertuz afin qu'il lui
plaise d'en ordonner tout ce qu'il lui plaira.

Très-chiers et honnourez seigneurs, je vous envoye le
sauf conduit seellé de mon seel tel comme vous le me
demandez, et si vous en envoye un autre tel comme il
me semble qui est neccessaire de avoir pour moy par

deça. Si vous pri qu'il vous plaise de le moy envoier seellé, le plus brief que faire se pourra. Très-chiers et honnourez seigneurs, je prie Nostre-Seigneur qu'il vous ait en sa sainte garde.

Escript à Chasteau Regnault, le xxvii° jour d'aoust.

Le vostre,
Jean DESCROIX.

(Au dos). — *A mes très-chiers et honnourez seigneurs les gens d'eglise, bourgois et habitanz de la ville de Tours.*

[Original. Papier. Arch. mun. de Tours, EE, liasse 2.]

VI

Mes très-chiers et honorés seigneurs,

Je me recommande à vous, et vous plaise savoir que j'ay aujourduy receues unes lettres du gouverneur de Bloys et unes autres lettres que monseigneur le conte de Vertuz avoit envoiées audit gouverneur, lesquelles contiennent en effet que mondit seigneur de Vertuz est d'acort que ledit gouverneur de Bloys et moy vous donnons astinence de guerre pour tout le pays de Touraine et les manans et habitans d'iceluy, de quelque estat qu'ilz soient, par ainssy que le sire de Momberon qui se dit gouverneur dudit pays de Touraine, messire Guillaume de Remenuel qui s'en dit bailli, et Charles Labbé et touz les autres cappitaines tenans places en ladicte duchié de Touraine pour et en obéissance de monseigneur de Bourgoigne, baillent leurs lettres soubz leurs seaux de ladicte astinence jusques à la Toussains prochain venant; c'est assavoir aux gens d'eglize, nobles, bourgois, marchans, manans et habitans et à toutes autres personnes passans et repassans qui pourront estre treuvez dedens les fins et metes des contez de Bloys, de

Dunoys et de Chasteauregnault, et auxi des terres et
seigneuries de Saint-Aignen et Chemeri qui sont de ladicte conté de Bloys et lesquelles terres tient madame de
Tonnerre l'esnée, et nous les vous baillerons semblables
pour toute la duchié de Touraine et des despendances
d'icelle; et auxi mondit seigneur de Vertuz a escript que
ou cas que voudrés passer ladicte abstinence et vous
obligiez ad ce les manans et bourgoys et habitans des viles
des contez de Bloys et de Dunoys et de Chasteau Regnault,
tant gens d'eglize, bourgoys et marchans comme autres le seront pareillement. Mes très-chiers et honourez
seigneurs, vous savez comment vous m'avez envoié unes
lettres d'astinence de guerre durant viii jours pour la
conté de Bloys et pour Chasteau Regnault. Sy est vray
que, ladicte astinence de guerre durant, les gens de la
garnison de Tours, de Rochecorbon ou du Boys ont
prins et enmené plusieurs gens du pays de monseigneur,
dont je vous envoye les noms en une cedule enclose en
ces presentes; sy le vuelt fere reparer ainssy comme
promins l'avez et ou cas que se sera vos volentez de
procéder en ladicte astinence vous trouveres des bourgoys
de la vile de Bloys, lesquelx mondit seigneur de Vertuz
a envoiez devers moy pour metre les choses dessus dictes
à effet. Sy vueilliés mandez où escripre voustre volenté
et, se chose voules que fere puisse, mandez l'envoy, je le
feré voulentiers, et prie Nostre-Seigneur qu'il soyt garde
de vous.

Escript à Chasteau Regnault, le ve jour de septembre.

Le voustre,

Jehan DESCROZ.

(Au dos). — *A mes très-chiers et honourés seigneurs les gens
d'eglize, bourgois, manans et habitans de la ville de Tours.*

[Original. Signature autographe. Papier. — Filigrane : une
ancré. Arch. mun. de Tours, EE, liasse 2.]

VII

Très-chiers et honorez seigneurs,
Je me recommande à vous, et vous plaise scavoir que
y receu les lettres que rescriptez m'avez, faisans
ancion que voz gens que vous aviés envoiez par devers
oy vous ont rapporté que pour ce que moy et les bons
urgois et habitans de Blois n'estion pas d'acord de la
rceance ainssy que le demandiés, de vostre part fut
cunement parlé entre nous de non faire guerre d'un
usté ne d'aultre à gens d'eglise, de quelque estat qu'ilz
ient, à laboureurs, marchans allans et venans, passans
rapassans, mais seullement à gens d'armes et varlez
e guerre quant ilz s'entrencontreroient, laquelle chouse
ous a ressamblé et ressamble estre honorable et selon la
roite usence de guerre et à l'onneur de touz cappitaines
e gens d'armes qui les dits termes entretiennent. Sy
vez parlé au cappitaine de Tours, lequel a dit que la
rme et manière dessusdicte est resonnable et honorable
t que il le vieult pour lui et ses compagnons et le
onsant et en baillera telle lettre et samblable comme je
a vouldroie bailler.

Thrès-chiers et honorez seigneurs, sy est verité que le
onsoil de monseigneur d'Orléans et les bourgois,
nanans et habitans de la ville de Blois, et ceulx de
nadame la contesse de Tonerre, c'est assavoir son
ailly et les gens d'eglise et bourgois de Saint-Aignen,
nt esté assemblez icy pour passer entre vous et nous
'astinance de guerre telle comme il nous sambloit de
ostre cousté que elle estoit juste et resonnable ; laquelle
house vous aultres, messieurs, vous n'avez point velu
asser ne acorder : sy n'est pas en moy de prendre
ulle astinance de guerre senz le congié et lissance de
monseigneur le Daulphin et de monseigneur de Vertuz,

aultre que celle qui a esté parllée de vostre cousté et du nostre, et pour ce ne fault point que entre vous aultres, messieurs, m'en rescripvez, se vous n'avez penssée et volenté de la passer telle comme il a esté parlé entre vous et nous. Notre Sire soit garde de vous.

Escript à Chasteauregnault, cest xxiii° jour de septembre.

Le vostre,
Jehan DESCROZ.

(Au dos). — *A mes très-chiers et honorez seigneurs les gens d'eglise, bourgois et habitans de Tours.*

[Original. Papier. Arch. mun. de Tours, EE, liasse 2.]

VIII

Honoreis et saiges, très-chiers et especialz amis,

Après la recepcion de vos lettres, nous avons parlé à monseigneur de Vertus, lequeil envoie le sire de Grenaux pour ceste matere et autres et pense à plaisir de Dieu que il fera tant que vous sereis contans, quant est d'avoir salf conduit, maix qu'il voie le salf conduit que menseigneur le Dalphin vous a octroié, il vous fera pareillement. Nous devons partir asseis brief pour aller au lieu de la convencion, lequeil toutefoys n'est pas accepté incommutablement.

Honoreis et saiges, très-chiers et especialz amis, nous avons entendu que on vous greive importablement par logis de gens d'armes, laquelle chose nous n'avons pas deservi ni deservons, quar de tout nostre povoir avons tendu, tousiours tendons et tenderons à la paix et union de ce royaume laquelle Dieu par sa graice nous veulle donner par lez merites dez glorieus sains qui sont à

Tours, qui vous doint bonne vie et garde de tous malz et perilz.

Escript à Bloys, le xviiie de aoust.

J., ARCEVESQUE DE TOURS.

(Sur le dos). — *A honoreis et saiges, nos très-chiers et especialz amis les gens d'eglise, bourgois et habitans de Tours.*

[Arch. mun. de Tours, EE, liasse 2. Original. Papier.]

IX

La royne de Secile, duchesse d'Anjou, contesse de Prouvence et du Maine.

Très-chiers et bien amez, nous avons receu voz lettres faisans mencion, entre autres choses, que aucuns des gens de la garnison du Boys ont esté et sont detenuz prisonniers à Sablé et à la Fleche et mis à finance, laquelle chose seroit contre la fourme et teneur des souffrances qui sont pour aucun temps entre beau cousin de Bourgoigne et nous; et pour ce que nostre voulenté et intencion n'est point que par noz subgiz soit fait aucune chose contre la teneur desdictes souffrances, ainçois voulons et est nostre plaisir qu'elles se entretiegnent et aient leur plain effect. Incontinant vos dictes lettres receues, nous avons escript et mandé aux capitaines de Sablé et de la Flèche que lesdictes gens ainsi pris tantost ilz delivrent et mectent à plaine delivrance avec leurs biens, ainsi et en la manière qu'ilz estoint au jour de leur prise; touteffoiz, très-chiers et bien amez, nous vous prions très-acertes que, à vostre povoir, vous ne souffrez que aucuns de par delà facent prinses et courses en noz pais d'Anjou et du Maine; car tenez de certain que de nostre part nous ferons tenir par noz subgiz bonnes et loyales souffrances sanz enfraindre et ferons faire pugnicion de ceulx qui feront le contraire, et les dommages reparer due[ment] ainsi que le cas le requerera.

Et quant à voz lettres que nous avez envoyées, tantost après icelles recues, en envoyasmes la coppie devers monseigneur le Daulphin et envoyasmes devers lui nostre bien amé escuyer Pierre le Roy, en lui suppliant qu'il lui plaise que vostre requeste il ait agréable; et aussi en avons escript bien affectueusement aux gens du conseil de mondit seigneur. Sur quoy n'avons encores vu aucune responce et incontinent que l'aurons eue nous a vous ferons savoir. Et, quant à nous, nous pourchacerons tousiours à nostre pouvoir le bien de paix au bien et honneur de mondit seigneur et aussi de vous, ainsi que nous congnoissons que ce est vostre voulenté et bonne entencion. Très-chiers et bien amés, autre de present ne vous escripvons. Nostre Sire vous ait en sa garde.

Escript en nostre chastel de Saumur, le xxii° jour d'aoust.

N. Halloys.

(Au dos). — *A noz très-chiers et bien amez les gens d'eglise, bourgois et habitans de la vile de Tours.*

[Arch. mun. de Tours, AA, 10, original. Edidit V. Luzarche, *Lettres historiques*, etc., p. 28].

X

Honorés et sages, très-chiers et très-especiaulx amis,

Après la reception de voz lettres de creance, et que nous avons ouy icelle par voz messagers, nous leur avons dit et exprimé au long ce que nous avons fait pour vous, lesquelles choses ilz vous pourront dire et vous informer comme ilz sauront bien faire. Et quant est au seurplus touchant la bonne affection, seure et ferme esperance

que vous avez en nous, soiez adcertenez, très-chiers et
très-especiaulx amis, que partout où nous serons nous
pourchacerons la conservation, le bien et honeur de la
ville, comme autrefois vous avons escript. Et c'est l'une
des principales causes pourquoy nous enbesongnons
voulentiers de la paix afin de vous pourchacer bien,
honeur et prouffit, comme plus à plain voz diz messages
vous diront, ausquelz vous plaise adjouster foy et
creance, et nous escrire, se autre chose voulez que nous
puissions, laquelle nous adcomplirons de bon cueur. Ce
scet Nostre Sire qui vous garde de mal et de peril, et
vous ait en sa saincte garde.

Escript à Meun-sur-Loire, le xxvii° jour d'aoust.

JA., ARCEVESQUE DE TOURS.

(Sur le dos). — *A honorez et sages noz très-chiers et très-
especiaulx amis les gens d'eglise, bourgois et habitans de la
ville de Tours.*

[Arch. mun. de Tours, EE, liasse 2, original. Papier.]

XI

Très-chiers et grans amis,

Pless[e] vous savoir que un appellé Jehan Tornay,
marchant, demourant en ma ville de Saintte-Maure et
mon subget et estaigier, sans nul moyen, si comme je
puis entendre, juedi derrain fut destroussé par les gens
de la garnison de Tours et lui fut ousté vint et deux chies
d'aumaille, lesquelles ledit Tornay a ranssonées la somme
de vint livres tornois et poyées à ceulx qui l'avoient
prins ; et après ce que icellui Tornay eut ranssonées
ses dictes bestes, et poyé la ransson, ceulx de Roichecorbon sont venuz qui lui ont ousté et prins de rechief
ses dictes bestes ; laquelle chousse, se me semble, est

contre droit et raisson, veu les souffrances que vous et nous avons ensemble; sy vous suppli tant que je puis comme mes très-chiers et grans amis que vous vueillez ce dire, et monstrez au [le] cappitaine de Tours que il face la chousse reparez à ses gens qui ont fait le cas ou à celui de Roichecorbon, quar en verité monseigneur, moy ne noz gens et subgez ne leur feismes ousques chousses par quoy nos gens et subgez deussent ainsy estre mal menez et destroussez. Je vous pry que vous facez tant que monseigneur et moy en soyons tenus à vous, et, sy chousse vous plest que faire puisse, je le feré de très-bon cuer, priant Nostre Seigneur qui vous doint bonnes vie et longue.

Escript à Montbason, cest dimanche xi° jour de septembre.

La dame de la ROCHEFOUQUAT (sic) et de MONTBASON.

(Au dos). — *A mes très-chiers et grans amis les bourgois et esleuz de la ville de Tours.*

[Original. Papier. Arch. mun. de Tours, EE, liasse 2.]

XII

Très-chiers et honnorez seigneurs,

Il est vray que aujourduy, environ vii heures, il est venu davant le chastel de Samblaçay certaine quantité de gens d'armes et ont fait et blecié plusieurs bonnes gens et cuidé faire un très-grant meschief, si nous n'eussions esté pourveuz; ont enmené le prieur de l'Encloistre et plusieurs autres, et sont partie de Tours, et partie des gens de Charles Labbé. Pourquoy nous vous requerons que vous y vuillez pourveoir de le faire reparer, ou si non nous y pourvoyrons par la puissance de Monseigneur dont la ville ne sera pas contant, et nous est advis que vous ne deussiez pas souffrir ceste chose, consideré l'estat en quoy nous sommes tenuz et que n'en ne vous a fait nulle guerre, mais il sembleroit que se fust de vostre assentement et aussi quant vous avez souffert et donné congié que on pransist les vins au chastellain et fait le domaige que on lui a fait, et que vous eussiez desplaisance à monseigneur d'Alençon et lui faire guerre si nous en vueillez mandez vostre voullanté et la voullanté de la ville affin que tantoust y pourvoyon, et n'y voullions pas pourveoir sans le vous mandez et faire savoir. Nous recommandons à vous et prions Dieu qui vous doint bonne vie et longue.

Escript à Samblançay, cest dimanche matin II° d'octobre.

Les vostres,

Le CAPPITAINE et COMPEIGNONS
de la garnison de SAMBLANÇAY.

(Au dos). — *A très-honnourez seigneurs les esleuz de la ville de Tours*.

[Original. Papier. Arch. mun. de Tours, EE, liasse

XIII

Très-chiers et grans amis,

Vous savez bien les grans domaiges et deluges de gens et de bestes que les gens du capitaine de Tours ont faiz ès terres de monseigneur. C'est assavoir à Coulombiers et à Savonnières sur les treves que vous et nous avions ensemble; et croy bien que c'est en partie pour troys forffaicteurs que les gens de monseigneur et de madame ont prins par justice pour certains forffaiz qu'ilz avoient faiz ès terres de mondit seigneur; et aussi qu'il avoit esté mendé par lettre de Tours que l'en les preint;

lesquelx prisonniers ledit capitaine m'avoit rescript que
je luy envoiasse ouvecques les cas et qu'il en feroit telle
justice que monseigneur et madame et moy en deverions
estre comptens. Laquelle chose, se me semble, n'estoit
pas resonnable : car mondit seigneur a toute haulte justice,
for bem et rapel en ses dictes terres, pour punir, forbenir
et rappeler toute manière de forfaicteurs ; mes, non
obstent se, pour fere plaisir audit capitaine et aussi qu'il
m'envoiast les gens de mondit seigneur qui sont prisonniers par dela, je avoye deliberé aujourdui que je
les luy envoiraye pour les punir selon le cas à sa volenté ;
mes ilz m'ont bien gardé de paine, car ilz y sont alez
eulx mesimes et ont brisés les prisons de mondit seigneur,
et me semble et m'est adviz que ilz ne nouz deussent
pas ainssi avoir mené forte guerre jusques à tent qu'ilz
eussent seu la volenté de mondit seigneur, de madame
ou de moy, et nous avoir somez de restituer si aucunes
choses nos gens advoient forffait : car ainssi est-il contenu
en l'aseurance de entre vous et nous. Mes très-chiers et
grans amis, je vous pry tant que je puis que tout se vous
veuillez faire et dire audit capitaine qu'il rende à mondit
seigneur, à madame ou à moy lesdiz prisonniers sanz
remson, et que, se aucune chose fault à reparer, je suy
tout prest pour mondit seigneur de le faire reparer, et de
tout se me veuillez mendez pour touttes conclusions la
volenté dudit capitaine et de vous, et saichez de certain
que, ou cas que les diz prisonniers ne seront renduz
sans aucune remsson paier, que, ou l'aide de Dieu et des
bons amis de mondit seigneur, je mourré ou visvré
dedens le chastel de Coulombiers tant que mondit
seigneur soit desdomaigé de touz les domaiges et
forffaictures qui ont esté faictes en ses dictes terres ; et
avecques se, je envoye unes lettres que monseigneur de
Saint-George et messire Regniez Pot envoient au
capitaine touchent le fait que je vous escrip, en prient

Nostre Seigneur qu'il vous doient bonne vie ╵ ongue.

Escript à Coulombiers, cestuy sepmadi xv⁰ jour d'oc
tobre.

F[ouques de] l[a] ROICH[E].

(Au dos). — *A mes très-chiers et grans amis les esleuz et
bourgoys de la ville de Tours.*

(Plus bas). — *Responce a esté escripte à Fouques de la Roche et
envoié sauf conduit du cappitaine.*

[Original. Papier. Arch. mun. de Tours, EE, liasse 2.]

www.ingramcontent.com/pod-product-compliance
Lightning Source LLC
LaVergne TN
LVHW021005090426
835512LV00009B/2079